De Aegypto et Exercitu Romano
sive Prosopographia Militiarum Equestrium
quae ab Augusto ad Gallienum
seu statione seu origine ad Aegyptum pertinebant

STUDIA HELLENISTICA

EDIDIT W. PEREMANS

Adiuvantibus A. DESCAMPS, Cl. PRÉAUX, G. SANDERS,
E. VAN 'T DACK, G. VERBEKE

22

De Aegypto et Exercitu Romano sive Prosopographia Militiarum Equestrium quae ab Augusto ad Gallienum seu statione seu origine ad Aegyptum pertinebant

scripsit

H. DEVIJVER

Editum auxiliante collegio academico belgico,
quod appellatur « Universitaire Stichting van België »

LOVANII
1975

PRAEFATIO

Gratias agamus oportet professoribus qui opus meum manu scriptum benevolentissimi legere voluerunt idemque multis observationibus maximi pretii factis locupletaverunt. Qui sunt *G. Alföldy* Bochumensis, *E. Van 't Dack* Lovaniensis, *J. F. Gilliam* Princetoniensis et *H.-G. Pflaum* Parisiensis.

Gratias etiam agimus *W. Peremans*, professori Lovaniensi, doctisque viris ' *Studia Hellenistica* ' moderantibus necnon collegio academico belgico quod ' *Universitaire Stichting van België* ' appellatur, quorum utriusque auxilio hic liber edi potuit.

Gratias denique impertimus *Iosepho Ijsewijn*, professori et amico Lovaniensi, qui introductionem meam e vernaculo Nederlandico Latine vertit.

Lovanii, Kal. Dec. MCMLXXIV.

INTRODUCTIO

Quicumque studia recens edita de historia *Institutionum Romanarum* recensuerit, procul dubio maximum animadvertit momentum eorum studiorum, quibus Romanus exercitus tractatur. Quodsi et has commentationes consideraverit quoad argumenta, temporum spatia vel regiones in iis illustratas, accuratius iam sciet quae partes vel neglectae adhuc sint vel parum exploratae. Item manifestum erit nonnulla opera novis scientiae, quae nunc est, augmentis esse supplenda.

Dubitari utique non potest quin v.d. Ericus Birley primus sit praecipuusque qui investigationes de iis qui, aetate Principatus, officiis in exercitu Romano fungerentur instituerit (1) maximeque promoverit (2). Scriptis enim quam plurimis editis quaestiones

---

(1) Vide librum quo scripta Erici BIRLEY collecta sunt : *Roman Britain and the Roman Army : Collected Papers*, Kendal, 1961². Pro fundamento investigationis futurae de *laticlaviis*, de *militiis equestribus* et de *centurionibus* habenda sunt studia haec : E. BIRLEY, *Senators in the Emperors' Service, Proceedings of the British Academy*, 39 (1954) pp. 197-214 ; ID., *Beförderungen und Versetzungen im römischen Heere, Carnuntum-Jahrbuch*, 1957, pp. 3-20 ; ID., *The Equestrian Officers of the Roman Army, Durham University Journal* (1949) pp. 8-19 = *Roman Britain*, pp. 133-153 ; ID., *Promotions and Transfers in the Roman Army*, II : *The Centurionate, Carnuntum-Jahrbuch*, 1963/64 (1965) pp. 21-33 ; ID., *The Origins of Legionary Centurions, Laureae Aquincenses*, II (1941) pp. 47-62 = *Roman Britain*, p. 104 sq. ; cfr. ID., *The Epigraphy of the Roman Army, Actes du deuxième Congrès international d'Épigraphie Grecque et Latine Paris 1952*, (Paris 1953), pp. 226-238. De *legatis legionis* nunc videas : G. ALFÖLDY, *Die Generalität des römischen Heeres, Bonner Jahrbücher*, 169 (1969) pp. 233-246 ; ID., *Die Legionslegaten der römischen Provinz Germania Inferior, Epigraphische Studien*, 6 (1968).

(2) Hic commemorari debet liber festus a discipulis Erico Birley oblatus : *Britain and Rome. Essays presented to Eric Birley on his sixtieth birthday*, Kendal, 1965, ed. M. G. JARRETT, B. DOBSON. Quo in libro legitur commentatio maximi pretii, quam scripsit B. DOBSON, *The Praefectus Fabrum in the Early Principate*, pp. 61-84. Quantopere Birley discipulos exemplo suo impulerit, eorum studia etiam alibi edita ostendunt : B. DOBSON, *The Centurionate and Social Mobility during*

acute distinxit (1), nonnullas ipse semel diremit (2), methodum denique investigationis prosopographicae definivit (3). Imprimis autem animum advertit ad *militias equestres*, quarum etiamnum desiderari studium significavit (4).

At professor Edmundus Van 't Dack meum animum studiumque excitavit ut incognitam illam terram adirem, quae sunt Institutiones Romanorum militares. Cuius ductus consiliis itemque ab Erico Birley non semel adiutus dissertationem Lovanii conscripsi ad gradum doctoris obtinendum : qua dissertatione : *Het militaire tribunaat der angusticlavii in het Vroeg-Romeinse Keizerrijk (27 v.C.-268 n.C.)* (5), inscripta, Birleyiano

---

the Principate, in : *Recherches sur les structures sociales dans l'Antiquité classique*, Paris, 1970, pp. 99-116 ; ID., *The Primipilares of the Roman Army*, diss. Durham, 1965, cfr. B. DOBSON, *Centurionate*, p. 102 n. 4 : *Die Primipilaren des römischen Heeres* (sub prelo) ; ID., *The Rome Cohortes and the Legionary Centurionate*, *Epigraphische Studien*, 8 (1969) pp. 100-124 (with D. J. BREEZE) ; ID., *Legionary Centurion or Equestrian Officer ? A Comparison of Pay and Prospects*, *Ancient Society*, 3 (1972) pp. 193-207 ; B. DOBSON alteram etiam editionem curavit operis : A. VON DOMASZEWSKI, *Die Rangordnung des römischen Heeres* (*Beihefte der Bonner Jahrbücher*, Bd. 14), 1967[2].

M. G. JARRETT, *The African Contribution to the Imperial Equestrian Service*, *Historia*, 12 (1963) pp. 209-226 ; ID., *An Album of the Equestrians from North Africa in the Emperors' Service*, *Epigraphische Studien*, 9 (1972) pp. 146-232.

(1) E.g. quaestiones de ratione promovendi per singulos ordines, de certa transferendi militares in alias stationes forma, de partibus quas singulae nationes in militiis obtinebant.

(2) Praeter alias eae quae pertinent ad praecipua rationis promovendi lineamenta, vel ad *militiam quartam*, quid revera sit : cfr. E. BIRLEY, *Alae and Cohortes Milliariae*, in : *Corolla memoriae Erich Swoboda dedicata, Römische Forschungen in Niederösterreich*, V (1966), pp. 54-67.

(3) Praesertim in commentatione : E. BIRLEY, *The Origins of Equestrian Officers* : *Prosopographical Method, Durham University Journal*, (1951) pp. 86-95 = *Roman Britain*, pp. 154-171. Observationes methodologicae passim etiam leguntur in aliis scriptis. Cfr. W. DEN BOER, *Die prosopographische Methode in der modernen Historiographie der hohen Kaiserzeit*, *Mnemosyne*, 22 (1969) pp. 268-280 ; p. 269 n. 1 : his verbis opuscula collecta Erici Birley (cf. notam 1, supra) designavit : « *Mit Recht wird dieser Sammelband 'ein Musterbuch zur Methode und Auswertung der prosopographischen Forschung' genannt* ».

(4) Cfr. E. BIRLEY, *The Equestrian Officers of the Roman Army*, *Roman Britain*, pp. 133-153 ; ID., *The Origins of Equestrian Officers : Prosopographical Method*, *Roman Britain*, pp. 154-171.

(5) Dissertatio typis non edita, Lovanii 1966 : *Deel* I, 296 pp. ; *Deel* II, *Prosopografie*, 200 pp. ; *Appendices* (*Promotielijsten*). Hac dissertatione commentationes nituntur hae : H. DEVIJVER, *Die Aufgabe eines Offiziers im römischen*

desiderio ex parte saltem obsecutus sum. ' Ex parte ' dixi, quoniam si quis totam compagem describere velit cuius pars erat tribunatus militaris angusticlaviorum, cognoscat etiam necesse est tum *praefectos cohortis*, qui vel ad ordinem tribunorum non promovebantur vel quorum non novimus tribunatum, tum etiam *praefectos alae*, qui tribuni numquam fuisse videntur. Quamobrem investigationem meam ad *militias equestres omnes* esse propagandam augendamque putavi.

Studium vero militiarum equestrium, cuius fundamentum necessarium prosopographicum non esse non potest, longe extra ipsum institutionum militarium Romanarum ambitum excurrit multumque adfert ad prosopographiam *ordinis equestris* fundamentalem, quae desideratur ad aetatem Principatus (1) quod attinet. Nam militiis equestribus qui functi sunt haud constanter ad unum omnes recepti sunt in *Prosopographiam Imperii Romani*, ut in *parte IV, fasc. 3*, 1966, praefatione testatur Leiva Petersen, ubi scripsit : « Eandem rationem atque viam quam E. Groag et A. Stein viri in studiis prosopographicis doctissimi secuti sunt nos quoque sequimur atque sequemur. Itaque, ut exemplum afferam, in rem non esse duximus alias personas in Prosopographiam nostram recipi atque illi a principio huius operis proposuerant, etsi dolendum est, quod ii qui e provinciis nati ibidem locos superiores vel sacerdotia tenuerunt desiderantur *neque ii recensentur qui orti ex ordine equestri militiis modo functi munera publica non sustinuerunt.* »

Heer, *Kommentar zu Aemilius Macer, Dig. XLIX, XVI, 12, 2*, in : *Antidorum W. Peremans sexagenario ab alumnis oblatum, Studia Hellenistica*, 16 (1968) pp. 23-37 ; ID., *Suétone, Claude, 25 et les milices équestres, Ancient Society*, 1 (1970) pp. 69-81 ; ID., *The Career of M. Porcius Narbonensis (CIL II 4239). New Evidence for the Reorganization of the Militiae Equestres by the Emperor Claudius ?, Ancient Society* 3 (1972) pp. 165-191.

(1) Ad aetatem Liberae Reipublicae quod attinet, vide : J. SUOLAHTI, *The Junior Officers of the Roman Army in the Republican Period*, Helsinki, 1955, et imprimis C. NICOLET, *L'ordre équestre à l'époque républicaine*, Paris, 1966. ID., *Prosopographie des chevaliers Romains*, Tome 2, Paris, 1974 (Vidimus opere nostro perfecto). Femina docta Ségolène DEMOUGIN, quae discipula est virorum doctorum C. Nicolet et H.-G. Pflaum, sibi proposuit *ordinis equestris* studium et prosopographiam fundamentalem componere, quae primum principatus saeculum adusque Hadrianum, ni fallor, complectetur.

Alio ipse loco, ut exemplum afferam, computavi in *PIR IV*, *fasc. 3*, sub I littera viginti septem tantum reperiri *tribunos angusticlavios*, verum sexaginta certe addendos esse e militiis secundis (1).

Postremo hoc militiarum equestrium studium coniungitur praecipuo illi operi viri docti H.-G. Pflaum, quod est de cursu equitum civili (2).

Prosopographia militiarum equestrium, quam edendam suscepi, ad tempus quo haec scripsi duo fere milia equitum complectebatur, quos ab aetate Augusti adusque finem Gallieni imperatoris militaribus officiis functos esse novimus, testibus seu scriptoribus antiquis seu monumentis epigraphicis vel papyraceis (3). Quod etsi primo statim conspectu locupletissimum videri potest instrumentum, haudquaquam tamen sufficiet ad militias illas certo satis rationario perscrutandas. Quam rem iam explicabo (4) : *Legionem II Traianam fortem* in Aegypto castra habuisse a mense Februario anni 128 certo constat (5). Adusque annum 268, quantum conicere licet, seni tribuni angusticlavii quadragenorum fere dilectuum ad officia deinceps accessere, quandoquidem illa aetate mediocre unius militiae equestris spatium in tres quattuorve annos extendebatur (6). Horum autem tribunorum numero CCXL, qui in *legione II Traiana* secundum saltem coniecturam militaverunt, e centenis octoni dimidiusque fere in tabulas meas referri potuerunt, vix autem terni sunt quos scimus unde orti sint.

Hoc igitur exemplum clare demonstrat quantulam partem noverimus, propterea quod desunt nobis fontes. Simul etiam

---

(1) H. DEVIJVER, *Ancient Society*, 1 (1970) pp. 79-81.

(2) H.-G. PFLAUM, *Les procurateurs équestres sous le Haut-Empire romain*, Paris, 1950. H.-G. PFLAUM, *Les carrières procuratoriennes équestres sous le Haut-Empire romain*, Paris, 1961.

(3) H. DEVIJVER, *Doct. Diss.* (Leuven, 1966) p. XXIV.

(4) Exemplum sumpsi e studio meo, quod edidi in *ANRW*.

(5) *CIL* III 79 = 14.147² p. 2300 ; cfr. H.-G. PFLAUM, *Israel Exploration Journal*, 19 (1969) pp. 225-233, p. 232.

(6) E. BIRLEY, *Roman Britain*, p. 132 ; *The Equestrian Officers...*, *Durham University Journal*, 11 (1949) pp. 8-19 ; cfr. R. SYME, *Pliny the Procurator*, *Harvard Studies Class. Phil.*, 73 (1968) pp. 205-208, p. 225.

ostendit quam necessarium sit diligenter colligere quidquid alicubi supersit exstetque.

* * *

Haec, quam infra offero, Prosopographia quasi quidam est manipulus totius illius messis, quam excussi ut inde tabulas Aegypti Romanae componerem. Mihi autem propositum erat specimen exhibere totius operis, quod integram militiarum equestrium prosopographiam comprehendet, ut in hunc modum operam meam peritorum iudicio subicerem. Qui si me addendis corrigendis mutandis adiuvare velint, sincerissimas eis agam gratias.

Rogari utique potest quae causa fuerit cur potissimum prosopographiam Aegypti Romanae pro specimine elegerim. Adiuncta sunt quaedam investigationis meae quae, cum casu quodam concurrerent, nuper animum meum ad hanc provinciam Romanam advertebant. Quo enim tempore opusculum meum conscriberem de Graecis verbis quibus equestres militiae designari solent (1) imprimisque de iis verbis quae in papyris Aegyptiacis leguntur (2), simul etiam commentationem absolverem de exercitu Romano in Aegypto (3) — quae commentatio excudenda

---

(1) H. DEVIJVER, *Some Observations on Greek Terminology for the « Militiae Equestres » in the Literary, Epigraphical and Papyrological Sources. Zetesis, Album amicorum E. de Strycker*, Antverpiae-Ultraiecti, 1973, pp. 549-565.

(2) Χιλιαρχέω ineunte saeculo secundo in Aegypto iam adhibebatur ut uno verbo omnes comprehenderentur qui erant *a militiis* : cfr. *P. Oxy.* III 477 = U. WILCKEN, *Chrest.* 144 (ca. a. 130) ; *CIG* III 4714 = *IGR* I 1148 = *SB* V 8325 (a. 109) ; cfr. M. G. JARRETT, *An Album of the Equestrians from North Africa in the Emperor's Service, Epigraphische Studien*, 9 (1972) pp. 146-230, p. 146 : « But Professor Eric Birley has recently suggested that the phrase (i.e. *a militiis*) may have come into unofficial use well before the end of the second century. He calls my attention to two men who use the Greek equivalent as early as 109 (IGR I 1148) and 132-133 (Wilcken, Chrest. 144). »

Testimonia duo in chartis papyraceis obvia, quibus verbum χιλιαρχέω traditur (*Pap. Primi* I 26 = *SB* Bhft. 2 (1961), pp. 33-35 n° 5 et *PSI* IX 1062, quorum illud sub n° 85, hoc autem sub n° 133* prosopographiae meae adfertur) addenda sunt ceteris, quae laudavi in commentatione mea in *Zetesis*, p. 563.

(3) H. DEVIJVER, *The Roman Army in Egypt. With Special Reference to the Militiae Equestres*, in tomo II. *Principat*, 1, *Aufstieg und Niedergang der römischen Welt*, Berolini-Novi Eboraci, 1974, pp. 452-492.

erat in tomo secundo operis quod inscribitur « *Aufstieg und Niedergang der römischen Welt* » — praesto erat utile illud opus quod Robertus Cavenaile foras dederat in commentariis, q.t. *Aegyptus* : (« Anno L n. 1-4-Gennaio — Dicembre 1970, uscito nel Novembre 1972 »), pp. 213-320 : *Prosopographie de l'armée romaine d'Égypte d'Auguste à Dioclétien.*

Hanc cum ederet prosopographiam, quae 2.249 nominibus constat, mutilatis aliquot exceptis, auctor doctus imprimis id spectabat ut tabulas suppleret quas olim Johannes Lesquier publici iuris fecerat in appendice IV libri sui, qui est : « *L'armée romaine d'Égypte d'Auguste à Dioclétien* (*Mémoires publiés par les Membres de l'Institut français d'Archéologie Orientale du Caire*, XLI) Cairo, 1918 ». At Robertus Cavenaile nihilomagis quam doctus eius decessor praefectos ad Aegyptum pertinentes recensuit.

* * *

Hoc denique opus meum, quod legis, cum prelo esset paratum, longam illam commentationem Nicolai Criniti novimus, qua Roberti Cavenaile prosopographiam supplere voluit : « *Supplemento alla prosopografia dell' esercito romano d'Egitto da Augusto*

In hac Romani exercitus tractatione conatus sum simulacrum simul et momentum historicum adumbrare militiarum equestrium in Aegypto Romana, ut in argumentis patet : I. The Units : *auxilia, legiones, classis Alexandrina*. II. Recruitment : *legionarii, auxiliarii*. III. The « *Rangordnung* ». IV. The *Militiae Equestres* : 1. Prosopographical Research. 2. Promotion System. 3. « Regular Pattern of Transfer » ? 4. National Origin. 5. Social Origin and Social Promotion.

Militiarum vero equestrium prosopographiae amplitudo impediebat ne eodem in opere eas ex integro recenserem itaque ea tantum indicia prosopographica attuli quibus opus mihi erat ad rationem promovendi aut originem seu nationalem seu socialem discutiendam. Item sub titulo IV. 1 (*Prosopographical research*) latiorem investigationis prosopographicae campum et quaestiones ad Aegyptum potissimum pertinentes tractavi.

Hic autem liber iis, qui commentationem in *ANRW* legent, integram testimoniorum personalium copiam suppeditabit ; illa vero commentatio huius libri lectoribus specimen ministrabit comprehensionis historicae. Iterare velim *Studiis Hellenisticis* gratias quod huic libro apud se locum adsignaverunt, quo peropportune studiosis exercitus Romani in Aegypto provisum est.

a Diocleziano : Aegyptus, 53 (1973) (« Anno LIII n. 1-4-Gennaio-Dicembre 1973, uscito nel Settembre 1974 »), pp. 93-158 ». Multa quidem adfert nova, quae praeter alia spectant milites, alae decuriones necnon centuriones. At militias equestres quod attinet nomina apud Cavenaile obvia tribus tantum auget, quae iam in prosopographiam meam alioquin erant recepta :

— 92*. *PLOTIUS* = N. Criniti, *o.c.*, p. 138 n. 1719ᵃ*
— 97*. [. . .] *PATROCLES* = N. Criniti, *o.c.*, p. 137 n. 1678*.
— 129*. [. . .] *ECRINUS* = N. Criniti, *o.c.*, p. 151, *CPL* 140
$\qquad$ = FINK 102, a. *12.

Ceterum hi prosopographiae meae numeri etiam a Nicolao Criniti ignorantur : 16*, 17*, 18*, 19*, 21*, 23*, 24*, 28*, 30*, 31*, 36*, 52*, 52*bis, 68*, 72*, 73*, 82*, 87*, 89*, 100*, 103*, 104*, 106*, 110*, 113*, 114*, 115*, 117*, 119*-128*, 130*-136*.

Quod tandem « summovendos » attinet, quos in appendicem reieci, nihil fere attulit Crinitus. Quod si quid forte adfert, suo loco id indicabo.

* * *

Prosopographia, quae infra sequitur, e militiis equestribus eos comprehendit qui in Aegypto imperio aliquo functi sunt, necnon et eos qui ex Aegypto oriundi in alia Imperii Romani provincia militaverunt. Nam ratio quam R. Cavenaile inivit tractandis militibus — officialium nullam fecit mentionem — defendi quidem potest, mihi vero angustior visa est. Sic enim statuit : « ... *nous n'avons pas écarté les noms des soldats originaires d'Égypte ayant servi dans des unités qui ne faisaient pas partie de l'armée d'Égypte, à condition que ces noms soient mentionnés dans des sources de provenance égyptienne* » (p. 213). Qua seligendi ratione factum est ut miles in Aegypto natus, qui in Africa stipendia meruit apud *legionem III Augustam* neque extra hanc provinciam commemoratur, in elenchum Cavenailii receptus non sit (1).

___

(1) Cfr. Sarapion, *CIL* VIII 2565, a, 18 (III Augusta) ; Serapio, *CIL* V III 2551, *CIL* VIII 2789 (III Augusta). Cfr. G. FORNI, *Il reclutamento delle legioni da Augusto a Diocleziano,* Roma, 1953, *Appendice* B : *Origines dei legionari (Ordinate*

Concedo fieri posse ut in tabulis prosopographicis ii solummodo viri describantur qui, quoviscunque loco laudati, militaverint saltem cum copiis in Aegypto Romana castra habentibus, itemque ii, qui in Aegypto nati in monumentis Aegyptiis commemorentur. At, quaeso, verus Aegyptiorum in toto exercitu numerus hac via computari poterit ? Quodsi porro non omnes Aegyptii, qui aliis in terris militabant, in rationem deducuntur, num aestimare quisquam poterit quantus revera apud Aegyptios fuerit per singulos gradus dilectus. Nonne nos identidem fugiet quomodo familia in altiores societatis civilis gradus evaserit ? Mihi quidem pernecessarium esse videtur ut quam amplissime instituatur prosopographia, quae tandem aliquando subministratura sit fundamentum solidioris operis, quo disiecta dissipataque historiae antiquae membra in temperatiorem comprehensionem reducantur.

Ad temporum spatium quod attinet, prosopographia mea adusque finem Gallieni extenditur, excluso Diocletiano, quoniam post Gallieni obitum tralaticia illa militiarum equestrium ordinatio dirempta fere est itaque imperia militaria ab eo tempore in loco statuque longe diverso collocanda sunt (1).

Haec prosopographia ordine alphabetico disposita est, ea quidem ratione ut nomina Graece tradita Latine describantur (2)

---

geograficamente), *Aegyptus*, p. 185, p. 204. N. CRINITI, *Supplemento alla prosopografia...*, *Aegyptus*, 53 (1973) p. 106 n° 405a* : M. Aurel(ius) Hermias, beneficiarius consul., leg. III Augusta., orig. di Alessandria (*AE* 1917-18, 57, 16).

(1) Quae causa etiam est cur studia de exercitu aetate Imperii Romani declinantis inchoari soleant a Gallieno. Cfr. R. GROSSE, *Römische Militärgeschichte von Gallienus bis zum Beginn der byzantinischen Themenverfassung*, Berlin, 1920 ; J. MORRIS, *PLRE = Prosopography of the Later Roman Empire, Akte des IV. internationalen Kongress für Griechische und Lateinische Epigraphik*, Wien, 1964, p. 272.

A. H. M. JONES, J. R. MARTINDALE, J. MORRIS, *The Prosopography of the Later Roman Empire*, Volume I. A.D. 260-395, Cambridge, 1971.

(2) R. Cavenaile alio ordine usus est, p. 213 : « Les noms sont cités dans l'ordre alphabétique et nous avons suivi les mêmes règles que Jean Lesquier. Toutefois nous avons conservé l'orthographe originale des documents, soit en grec, soit en latin. Nous avons estimé que transcrire en latin des noms cités sous leur forme grecque, ce serait en quelque sorte défigurer l'aspect de cette armée dans laquelle l'élément hellénisé tient une si large place. Mais comme le classement est fondé sur l'ordre alphabétique latin, cette disposition obligera le lecteur à un « *petit*

singulaque nomina perpetua numerorum notatione distinguantur (1). Ubicumque numero asteriscus (2) adpingitur, hunc virum apud Cavenaile desiderari (3) significo. Zifrum vero, quod uncis quadratis inclusum post nomen equitis positum est, ad numerum revocat quo idem vir apud Cavenaile adfertur (4). Postremo sunt viri quidam diversis numeris apud Cavenaile bis laudati, quos unam eandemque personam esse vidi itaque semel tantum adduxi (5).

Singuli huius prosopographiae articuli, praeter nomen integrum supra pro titulo positum, quadripertiti ordinantur hoc modo :

1. Fontes.
2. Praecipua, si quae sunt, scripta de viro laudato.
3. *Curriculum* equitis militaris, inclusis etiam officiis civilibus.
   De singulis equitibus deprehendere conatus sum quo loco militia functi sint. Quod magni quidem momenti est ut determinetur num certa fuerit forma transferendi eos in alias deinceps stationes. Quin et fortasse apparebit cursum ad superiora officia quendam limitum militarium ordinem secutum esse, ad Danubium nempe, ad Rhenum, in Africa, in Oriente. Item melius videbimus quatenus

---

travail de translittération ». Sed praestat fortasse, ad militias equestres saltem quod attinet, mittere hunc 'parvum laborem translitterandi'.

Militares enim equestres *tria nomina* habere solent itaque, ubi Graece nomen reddiderunt, plerumque e Latino transponebant. Porro illa 'pars exercitus Graecanica' cognosci poterit, si fontium argumenta Graece adferuntur, et si *origo* viri additur, ubicumque fieri potest.

(1) Numeri : 136.

(2) Exempli gratia : n. 16*.

(3) n. 16*, 17*, 18*, 19*, 21*, 23*, 24*, 28*, 30*, 31*, 36*, 52*, 52* bis, 68*, 72*, 73*, 82*, 87*, 89*, 92*, 97*, 100*, 103*, 104*, 106*, 110*, 113*, 114*, 115*, 117*, 119*-136*.

(4) Exempli gratia : 1. *Aelianus, filius Euphranoris* [17] ; 2. *[Aemilius] Iuncus* [7].

(5) Ut facilius cum mea compararetur tabula Cavenailei, hi viri bis etiam in prosopographia mea laudavi :

— 4. *Alexander* [73] = 14. *M. Aurelius Corellius Alexander* [673] ;
— 64. *[Iu]lius Mithridaticus* [1.217] = 84. [- -]*lius Mithridaticus* [1.511] ;
— 66. *C. Iulius C.f. Sergia Proculus* [1.236] = 99. [- - - -] *Ser(gia) Proculus* [1.779].
— Cfr. *Iulius Vestinianus Asclepiades, qui et Leonidas* [1.290 = 2.195].

milites ducesve in patria militaverint : rogari namque potest num vir orientalis vel Graecus linguaeque Latinae parum gnarus in Occidentem missus sit. His et aliis quaestionibus demonstratui quanti momenti sit scire quibus in terris militaverint officiales. Officiorum enim ordo promovendi rationem manifesto illustrat.

Munera civilia (puta municipalia), quibus eques functus est ante militiam, saepe ostendunt quo loco ortus sit ; quibus autem post militiam, testantur quid sperare potuerit in officiis reipublicae administrandae vel quousque adscendere licuerit per gradus societatis civilis.

4. *Origo :* Non est cur iterum explicem quanti momenti sit scire quotam militiarum partem singulae nationes obtinuerint.

Sufficit observare quod equitum maiores et posteros, in quantum fieri potuit, diligenter commemoravi, unde interdum cuiusdam familiae adscensum per ordines societatis civilis adumbrare liceat. Factum tamen etiam est ut eiusdem nominis viros adferam neque scire potuerim sintne propinqui annon.

* * *

Indices prosopographiae addidi ad commodiorem lectorum usum. In appendice collecta sunt nomina « *Summovendorum* » (1), id est eorum qui in Aegypto extra militias equestres militaverunt (2), aut qui apud militias equestres, sed extra Aegyptum, ni quid fallor, collocati (3).

* * *

Sequuntur abbreviationes in prosopographia maxime obviae. Eas vero, quae infra non solutae sunt, lector ipse absque dubio

---

(1) *Summovendi :* viri quos Cavenaile recepit, ego vero de tabula exemi.
(2) *Summovendi :* n. 1, 3, 4, 5, 6, 7, 9, 10, 13, 14, 17, 20, 21, 22.
(3) *Summovendi :* n. 2, 8, 11, 12, 15, 16, 18, 19.

intelliget. Lectores denique monitos velim hanc abbreviationum tabulam non esse plenam perfectamque rei bibliographiam, sed tantum quandam quasi prosopographiae clavem.

G. ALFÖLDY, *Flamines Hisp. Cit.* = *Flamines Provinciae Hispaniae Citerioris, Anejos de « Archivo Español de Arqueologia »*, 6 (1973).

G. ALFÖLDY, *Fasti Hispanienses* = *Fasti Hispanienses. Senatorische Reichsbeamte und Offiziere in den spanischen Provinzen des römischen Reiches von Augustus bis Diokletian*, Wiesbaden, 1969.

G. ALFÖLDY, *Germania Inferior* = *Die Hilfstruppen der römischen Provinz Germania Inferior, Epigraphische Studien*, 6 (1968).

G. ALFÖLDY, *Legionslegaten* = *Die Legionslegaten der römischen Rheinarmeen, Epigraphische Studien*, 3 (1967).

G. BARBIERI, *Praefectus Orae Maritimae* 1 = *Il « Praefectus Orae Maritimae », Rivista di Filologia e d'Istruzione Classica*, 69, N.S. 19 (1941), pp. 268-280.

G. BARBIERI, *Praefectus Orae Maritimae* 2 = *Ancora sul « Praefectus Orae Maritimae », Rivista di Filologia e d'Istruzione Classica*, 74, N.S. 24 (1946), pp. 166-171.

E. BIRLEY, *Epigraphische Studien 8* (1969) = *Septimius Severus and the Roman Army, Epigraphische Studien*, 8 (1969), pp. 63-82.

E. BIRLEY, *Corolla E. Swoboda* = *Alae and Cohortes Milliariae*, in *Corolla memoriae Erich Swoboda dedicata, Römische Forschungen in Niederösterreich*, V (1966), pp. 54-67.

E. BIRLEY, *Roman Britain* = *Roman Britain and the Roman Army. Collected Papers*, Kendal, 1961².

E. BIRLEY, *DUJ*, 10 (1948) = *Britain after Agricola and the End of the Ninth Legion, Durham University Journal*, 10 (1948), pp. 79-83 = *Roman Britain*, pp. 20-30.

A. CALABI, *Aegyptus*, 32 (1952) = *L'ἀρχιδικαστής nei primi tre secoli della dominazione romana, Aegyptus*, 32 (1952), pp. 406-424.

N. CRINITI, *Aegyptus*, 53 (1973) = *Supplemento alla prosopografia dell' esercito romano d'Egitto da Augusto a Diocleziano, Aegyptus*, 53 (1973), pp. 93-158.

S. DARIS, *Documenti* = *Documenti per la storia dell' esercito romano in Egitto, Pubblicazioni dell' Università Cattolica del Sacro Cuore*, S. III, *Scienze Storiche*, 6, Milano, 1964.

A. DEMAN, *Latomus*, 32 (1973) = *Glanes à propos de dix années de prosopographie impériale de l'ordre équestre, Latomus*, 32 (1973), pp. 135-151.

H. DEVIJVER, *Zetesis* = *Some Observations on Greek Terminology for the ' Militiae Equestres ' in the Literary, Epigraphical and Papyrological Sources, Zetesis. Album amicorum E. de Strijcker*, Antwerpen-Utrecht, 1973, pp. 549-565.

H. DEVIJVER, *Ancient Society*, 3 (1972) = *The Career of M. Porcius Narbonensis (CIL II 4239). New Evidence for the Reorganization of the Militiae Equestres by the Emperor Claudius*, Ancient Society 3 (1972), pp. 165-191.

H. DEVIJVER, *Ancient Society*, 1 (1970) = *Suétone, Claude, 25 et les milices équestres*, Ancient Society, 1 (1970), pp. 69-81.

H. DEVIJVER, *ANRW*, II, 1 = *The Roman Army in Egypt (with Special Reference to the Militiae Equestres), Aufstieg und Niedergang der Römischen Welt*, II, Principat, 1, 1974, pp. 452-492.

B. DOBSON, *Praefectus Fabrum* = *The ' Praefectus Fabrum ' in the Early Principate*, in *Britain and Rome. Essays presented to E. Birley on his sixtieth birthday*, Kendal, 1965, pp. 61-84.

B. DOBSON, *ANRW*, II, 1 = *The Significance of the Centurion and ' Primipilaris ' in the Roman Army and Administration, Aufstieg und Niedergang der Römischen Welt*, II, Principat, 1, 1974, pp. 392-434.

R. DUNCAN-JONES, *PBSR* = *Equestrian Rank in the Cities of the African Provinces under the Principate. An Epigraphic Survey, Papers of the British School at Rome*, 35, N.S. 22 (1967), pp. 147-188.

R. K. MCELDERRY, *JRS*, 8 (1918) = *Vespasian's Reconstruction of Spain, Journal of Roman Studies*, 8 (1918), pp. 60-75.

R. ÉTIENNE, *Culte impérial* = *Le culte impérial dans la péninsule ibérique d'Auguste à Dioclétien, Bibliothèque des Écoles françaises d'Athènes et de Rome*, 181, Paris, 1958.

R. O. FINK, *Roman Military Records* = *Roman Military Records on Papyrus, Philological Monographs of the American Philological Association*, 26, 1971.

H. FREIS, *Die Cohortes urbanae* = *Die Cohortes urbanae, Epigraphische Studien*, 2 (1967).

J. F. GILLIAM, *Classical Philology* = *Ala Agrippiana and Archistator, Classical Philology*, 56 (1961), pp. 100-103.

A. GRENIER, *Les tribuns de la Narbonnaise* = *Les tribuns militaires de la Narbonnaise, Comptes rendus de l'Académie des Inscriptions et Belles-Lettres*, 1960, pp. 53-62.

W. HÜTTL, *Antoninus Pius* I = *Historisch-politische Darstellung*, Prag, 1936.

W. HÜTTL, *Antoninus Pius* II = *Römische Reichsbeamte und Offiziere unter Antoninus Pius. Antoninus Pius in den Inschriften seiner Zeit*, Prag, 1933.

M. G. JARRETT, *Epigraphische Studien* 9 (1972) = *An Album of the Equestrians from North Africa in the Emperor's Service, Epigraphische Studien*, 9 (1972), pp. 146-232.

I. KAJANTO, *Latin Cognomina* = *The Latin Cognomina*, Helsinki, 1965.

M. LE GLAY, *Ancient Society*, 3 (1972) = *Le commandement des ' cohortes voluntariorum ' de l'armée romaine, Ancient Society*, 3 (1972), pp. 209-222.

J. Lesquier, *Armée* = *L'armée romaine d'Égypte d'Auguste à Dioclétien*, *Mémoires publiés par les Membres de l'Institut français d'Archéologie Orientale du Caire*, 41, Cairo, 1918.

H.-G. Pflaum, *Libyca*, 3 (1955) = *Deux carrières équestres de Lambèse et de Zama*, *Libyca*, 3 (1955), pp. 123-154.

H.-G. Pflaum, *Recueil des Notices* = *Une inscription de Castellum Arsacalitanum*, *Recueil des Notices et Mémoires de la Société Archéol. Histor. et Géogr. du Département de Constantine*, 69 (1955-1956), pp. 145-172.

H.-G. Pflaum, *MEFR*, 71 (1959) = *Lucien de Samosate, archistator praefecti Aegypti, d'après une inscription de Caesarée de Maurétanie*, *Mélanges d'Archéologie et d'Histoire publiés par l'École française de Rome*, 71 (1959), pp. 281-286.

H.-G. Pflaum, *Carrières* = *Les carrières procuratoriennes équestres sous le Haut-Empire romain*, Paris, 1960-1961.

H.-G. Pflaum, *Empereurs romains d'Espagne* = *La part prise par les chevaliers romains originaires d'Espagne à l'administration impériale*, in *Les empereurs romains d'Espagne (Colloques internationaux du C.N.R.S.)*, Paris, 1965, pp. 87-119, pp. 119-121 (discussion).

H.-G. Pflaum, *Syria*, 44 (1967) = *Un nouveau diplôme militaire d'un soldat de l'armée d'Égypte*, *Syria*, 44 (1967), pp. 339-362.

H.-G. Pflaum, *Legio VII Gemina* = *Les officiers équestres de la légion VII Gemina*, in *Legio VII Gemina*, Léon, 1970, pp. 353-381.

H.-G. Pflaum, *Antiq. Afric.* = *La romanisation de l'ancien territoire de la Carthage punique à la lumière des découvertes épigraphiques récentes*, *Antiquités Africaines*, 4 (1970), pp. 75-117.

O. W. Reinmuth, *Prefects of Egypt* = *A Working List of the Prefects of Egypt 30 B.C. to 299 A.D.*, *Bulletin of the American Society of Papyrologists*, 4 (1967), pp. 75-128.

E. Ritterling, *Fasti röm. Deutschl.* = *Fasti des römischen Deutschlands unter dem Prinzipat*, Wien, 1932.

R. Saxer, *Epigraphische Studien*, 1 (1967) = *Untersuchungen zu den Vexillationen des römischen Kaiserheeres von Augustus bis Diokletian*, *Epigraphische Studien* 1 (1967).

W. Schulze, *Lat. Eigennamen* = *Zur Geschichte lateinischer Eigennamen*, Berlin, 1904.

J. Schwartz, *La Gaule romaine et l'Égypte* = *La Gaule romaine et l'Égypte*, *Hommages à Albert Grenier*, Collection Latomus, 58 (1962) 3, pp. 1397-1406.

P. C. Sestieri, *Iscr. Albania* = *Iscrizioni Latine d'Albania*, in *Studime e Tekste-Studi e Testi*, Serie II, *Arkeologjike*, 1 (1943).

B. Stech, *Senatores Romani* = *Senatores Romani qui fuerint inde a Vespasiano usque ad Traiani exitum*, Leipzig, 1912.

A. Stein, *Präf. Ägypt.* = *Die Präfekten von Ägypten in der römischen Kaiserzeit*, Bern, 1950.

A. STEIN, *Ritterstand = Der römische Ritterstand*, München, 1927.

E. STEIN, *Beamten = Die kaiserlichen Beamten und Truppenkörper im röm. Deutschland unter dem Prinzipat*, Wien, 1965 (= 1936).

R. SYME, *Harvard Studies = Pliny the Procurator, Harvard Studies in Classical Philology*, 73 (1968), pp. 201-236.

A. VON DOMASZEWSKI, *Die Rangordnung*, 1967[2] = *Die Rangordnung des römischen Heeres, Beihefte der Bonner Jahrbücher*, 14, 1967[2], ed. B. DOBSON.

W. WAGNER, *Dislokation = Die Dislokation der römischen Auxiliarformationen in den Provinzen Noricum, Pannonien, Moesien und Dakien von Augustus bis Gallienus*, Göttingen, 1938.

PROSOPOGRAPHIA MILITIARUM EQUESTRIUM
QUAE AB AUGUSTO AD GALLIENUM
SEU STATIONE SEU ORIGINE
AD AEGYPTUM PERTINEBANT

1. Aelianus, filius Euphranoris [17]

P. Oxy. XII 1472 (litterae de deposito ad Apollinarium, strateg. et ad Aelianum, archidicast.), Oxyrhynchus, Aegyptus.

H. DEVIJVER, *ANRW*, II, 1, p. 483.

> Αἰλιανὸς Εὐφράνορος γενομένου ἐξηγητοῦ υἱός, νεωκόρος τοῦ μεγάλου Σαράπιδος :
> Aelianus, filius Euphranoris exegetae, neocorus ; *alii neocori in militiis equestribus* : 23*. Balbinianus, 42. Claudius Philoxenus, 45. M. Claudius Serenus, 107. Ser. Sulpic[ius Serenus], 132*. [- - -] PSI VIII 962.

a. γενόμενος ἔπ[α]ρχος σπείρης δευτ(έρας) Κομμαγηνῶν ἱππικῆς : praefectus fuit cohortis secundae Commagenorum equitatae ; ca. a. 130 ; fortasse in Micia, Dacia, cfr. W. WAGNER, *Dislokation*, pp. 123-126 : altera cohors II Commagenorum non nota est ; haec cohors, cui Aelianus praeerat, tamen diversa, secundum P. Oxy. XII, p. 212 ; CIG III 5057 ; SB I 4575 ; cohors erat in Cappadocia, cfr. W. HÜTTL, *Antoninus Pius*, I p. 241 not. 51 : eadem ac [coh... Comm]ag(enorum) in Cappad(ocia) (CIL VI 3654), haud recte secundum A. DEGRASSI, *Epigraphica*, III (1967) pp. 15-26 ad CIL VI 3654 : coh. I Apamenorum sag(ittariorum) in Cappad(ocia).

ἱερεύς καὶ ἀρχιδικαστὴς καὶ πρὸς τῇ ἐπιμελείᾳ τῶν χρηματιστῶν καὶ τῶν ἄλλων κριτηρίων :
archidicastes, a. 136, cfr. A. CALABI, *Aegyptus*, 32 (1952) pp. 412-413 ; *alii archidicastai in militiis equestribus* : 23*. Balbinianus, 42. Claudius Philoxenus, 70. Iulius Vestinianus, 116. Ulpius Asclepiades, 85. [- - -]apos [M]unatiani filius, 132*. [- - -] PSI VIII 962.

Alexandrea, Aegyptus ; cfr. E. BIRLEY, *Epigraphische Studien*, 8 (1969) p. 74 ; J. LESQUIER, *Armée*, p. 87, p. 518.

2. [Aemilius] Iuncus [47]

J. KEIL, *Forsch. Ephesus.* IV, 1 (1932) pp. 89-90 = AE 1935, 167 (titulus honorarius), Ephesus, Asia ; cfr. IGR IV 351 ; AE 1903, 116 et J.H. OLIVER, *Hesperia,* 36 (1967) pp. 42-56, pp. 44-56 (AE 1967, 452).

H.-G. PFLAUM, *Carrières,* 116 ; *PIR* IV² p. 326 n. 711 ; cfr. H. DEVIJVER, *ANRW,* II, 1, p. 465 ; J.H. OLIVER, *Philosophers and Procurators, Relatives of the Aemilius Iuncus of Vita Commodi 4,11, Hesperia,* 36 (1967) pp. 42-56, pp. 44-45 ; A. DEMAN, *Latomus,* 32 (1973) p. 141 : *Carrières,* n° 116.

    a. praef(ectus) coh(ortis) I Pannoniorum :
    Aegyptus ; C. CICHORIUS, *RE* IV (1901) *cohors,* 322-323 ; CIL XVI 29 = ILS 1996 add.
    b. trib(unus) cohortis V Gemellae civium Romanorum : Iudaea, Palaestina ; C. CICHORIUS, *RE* IV (1901) *cohors,* 292 ; CIL XVI 87.
    c. tribunus leg(ionis) X Fretensis : Iudaea, Palaestina ; E. RITTERLING, *RE* XII (1925) *legio,* 1363-1364, 1676.
    d. praef(ectus) alae Gallor(um) veteranor(um) : Syria aut Aegyptus ; cfr. CIL XVI 35 ; J. LESQUIER, *Armée,* p. 105.

    donatus ab Imp(eratore) Traiano in bello Parthico hasta pura et corona vallari :
    a. 114-117 ; ad id tempus praef. coh. erat Iuncus (?).

    proc(urator) Cilic(iae) et Cypri (centenarius, certe sub Hadriano, *PIR, l.l.*), iuridicus Alexandreae ad Aegyptum (ducenarius), proc(urator) provinc(iae) Asiae.

Tripolis, Syria ? E. BIRLEY, *Epigraphische Studien,* 8 (1969) p. 74 ; diversus est Aemilius Iuncus, procurator Augusti, sc. Syriae (AE 1903, 116), pater Aemilii Iunci, cos. suff.

a. 127, Atheniensis, cfr. J.H. OLIVER, *l.l.* (AE 1967, 452) ;
cfr. A. DEMAN, *l.l.*

3. L. Aemilius L.f. [Qui(rina)-Gal(eria) ?] Paulus, ex conven[tu] Carthag(iniensi) Attacc(ensi) [48]

CIL II 4189 (titulus honorarius), Tarraco, Hispania Tarraconensis ; cfr. CIL II Suppl. p. 972, p. 1124.

G. ALFÖLDY, *Flamines Hisp. Cit.*, n. 2 ; G. BARBIERI, *Praefectus Orae Maritimae*, 1, p. 269 ; H. DEVIJVER, *Ancient Society*, 3 (1972) p. 174 not. 68 ; R.K. MCELDERRY, *JRS*, 8 (1918) p. 60 ; R. ÉTIENNE, *Culte Impérial*, p. 137, p. 146 not. 3.

> omnib(us) in re p[ub(lica)] sua honoribus [funct(us)] :
> sc. Attacum, Hispania Citerior ; fortasse ante militias,
> cfr. G. ALFÖLDY, *l.l.*

a. praef(ectus) cohort(is) I [tiron(um) ?]-*aut*-I[- - -] :
Hispania Citerior ? Cfr. EE V p. 249 ; CIL II Ind. p. 770 ;
CIL II Suppl. 1892, p. 1124 ; CIL II 4138, 4224 ; C.
CICHORIUS, *RE* IV (1901) *cohors*, 342 ; H. DEVIJVER, *o.c.*,
pp. 173-174.

b. trib(unus) mil(itum) leg(ionis) III Cyren(aicae) :
Aegyptus aut Arabia ; E. RITTERLING, *RE* XII (1925)
legio, 1514.

> flam[en] p(rovinciae) H(ispaniae) C(iterioris) :
> inter a. 70 /80, fortasse ca. a. 120, G. ALFÖLDY, *l.l.*

Attacum, Conventus Carthaginiensis, Hispania Tarraconensis,
G. ALFÖLDY, *l.l.* ; cfr. R. ÉTIENNE, *o.c.*, p. 146 not. 3 :
Attacum appartient au conventus Caesaraugustanus. Y
a-t-il erreur du lapicide ou existe-t-il deux villes du même
nom ?

4. Alexander [73]
= 14. M. Aurelius Corellius Alexander [673]

5. Allius Hermolaus [79]

SB IV 7362, 2-3, 20 = P. Mich. inv. 2930 = *Select Papyri*, 2, 315 = S. DARIS, *Documenti*, 97 (epikrisis veterani coh. II Ituraeorum civis Romani), Karanis, Aegyptus.

> Ἐκ τόμου ἐπικρίσεων — etc. — διὰ ᾽Αλλίου ῾Ερμολάου χειλιάρχου λεγιῶνος β′ Τραιανῆς ᾽Ισχυρᾶς :
> tribunus legionis II Traianae fortis ; Aegyptus ; E. RIT-TERLING, RE XII (1925) *legio*, 1365-1366 ;
> a. 185.

Aegyptus ; cfr. E. BIRLEY, *Epigraphische Studien*, 8 (1969) p. 74 ; cfr. *PIR* IV² p. 83 n. 151, 152 ; *PIR* III² p. 154 n. 286 : alii Hermolai.

6. Q. Allius Pudentillus [80]

SB VI 9227 et 9228 = S. DARIS, *Documenti*, 95 (epikrisis), Syene, Aegyptus ; BGU II 696 = EE VII p. 458 = R. CAVENAILE, *CPL*, 118 = S. DARIS, *Documenti*, 9 = R. O. FINK, *Roman military Records*, 64 (pridianum cohortis I Lusitanorum), Contrapollonospolis Maior, Aegyptus.

J. F. GILLIAM, *Paganus in BGU. 696*, American Journal of Philology, 73 (1952) pp. 75-78 ; J. F. GILLIAM, *An Antonine Consul Suffect, Classical Philology*, 55 (1960) pp. 177-178.

> σπείρης α′ Σεβαστῆς πραιτωρ[ίας Λυσιτανῶν ἧς ἔπαρχος] Κόιντος ῎Αλλιος Πουδεντίλλος :
> cohors I Augusta praetoria Lusitanorum cui praeest Q. Allius Pudentillus ; cfr. SB VI 9228 : Abschrift eines

Auszuges aus einer Epikrisisliste ; Syene, Aegyptus ; a. 159.

Fortasse idem ac *Allius Pudentillus* (BGU II 696) :
praef(ectus) coh(ortis) I Aug(ustae) pr(aetoriae) Lus(ita-norum) eq(uitatae) :
Contrapollonospolis Maior, Aegyptus ; cfr. J. LESQUIER, *Armée*, p. 502 n. 45 ; C. CICHORIUS, *RE* IV (1901) *cohors*, 311-312.
In laterculo (BGU II 696) praefecti cohortis duo nomi-nantur, Allius Pudentillus et qui die Apr. 22 a. 154 ei successit et ad a. 156 certe in officio mansit M. Iulius Silvanus, domo Thubursica.

Origo : Occidentalis ; ad nomen cfr. W. SCHULZE, *Lat. Eigenna-men*, p. 423 ; cfr. CIL X 7953 + c = ILS 6766 (Turris Libisonis, Sardinia) : Q. Allio Q.f. Col. Pudentillo, auguri curiae XXIII et ministr[i] Larum Aug. ex [a]ere collato.

7. [L.] Antonius M. f. Fab(ia) Naso [185] (1)

CIL III 14387, ff + fff + k = ILS 9199 = IGLSyr. VI 2781 (titulus honorarius), Heliopolis, Syria ; cfr. CIL III 6993 = ILS 253 ; CIL III 14188 ; TAC. *h.* 1, 20 ; SUET. *Nero 7*.

H. FREIS, *Die coh. urbanae*, p. 64 ; H.-G. PFLAUM, *Carrières*, 36 ; *PIR* I² p. 165 n. 854 ; B. DOBSON, *ANRW*, II, 1, p. 400 not. 36, p. 418 not. 13.

[(centurio) le]g(ionis) III Cyrenaicae :
Aegyptus ; E. RITTERLING, *RE* XII (1925) *legio*, 1362-1363.
[(centurio) le]g(ionis) XIII Geminae :
Pannonia ; A. MÓCSY, *RE Suppl.* IX (1962) *Pannonia*, 612-613.

---

(1) Naso nulla militia equestri in Aegypto functus est, tamen hic retinetur quia memoratus est apud R. CAVENAILE et quia postea militia tribunatus functus est.

[honorat]us albata decursione ab Imp(eratore), [praef-
(ectus)] civitatis Colaphianorum,
[primus] pilus leg(ionis) XIII Gem(inae) :
Pannonia ; A. Mócsy, *RE Suppl.* IX (1962) *Pannonia*,
612-613.

trib(unus) leg(ionis) I Italic(ae) :
Nero legionem I Italicam conscripsit adversus Albanos,
Bosporus, a. 67 ; haec legio occupavit Lugdunum, mart.
april. a. 68 ; tribuni periti, ut Naso ex primo pilo, fortasse
praeerant legioni.

[trib(unus) coh(ortis)] IIII vigilum, trib(unus) coh(ortis)
XV urban(ae),
[trib(unus coh(ortis)] XI urban(ae), trib(unus) coh(ortis)
IX prae[t(oriae), donatus] ab imperator[e Nerone co]ron(a)
[valla]ri corona au[rea] vexillis [duob]us ha[stis puris]
du[a]bus :
demissus a Galba, rediit ad militias Othone imperatore,
TAC. *h.* 1, 20.
[primus pilus bis le]g(ionis) XIV Gem(inae) :
Dalmatia ; cfr. A. Mócsy, *RE Suppl.* IX (1962) *Pannonia*,
612-613 ; E. Ritterling, *RE* XII (1925) *legio*, 1732
adnot. ; demissus a Vitellio, rediit ad militias Vespasiano
imperatore.
[trib(unus) coh(ortis)] I praet(oriae) et pra[ep]ositus supra
[vetera]nos Romae m[o]rantium [pluriu]m exercituum.

proc(urator) Aug(usti) [Po]nto et B[ithyni]ae (ducenarius).

Heliopolis, Syria.

8. L. Aponius [- - -] [254]

Espérandieu, *ILG* 558 = CIL XII 4230, 4241 (titulus mutilus),
Baeterrae, Gallia Narbonensis ; cfr. TAC. *a.* 1, 29 ; CIL XII
4234, 4235.

A. GRENIER, *Les tribuns de la Narbonnaise*, pp. 52-63 ; *PIR* I²
p. 180 n. 934 ; J. SCHWARTZ, *La Gaule romaine et l'Égypte*,
p.1401 ; B. DOBSON, *ANRW*, II, 1, p. 397 not. 19, p. 399 not. 31.

a. praefectus equit(um).

b. tribunus militum [leg(ionis)] VII :
   Macedonia aut Dalmatia ; aet. Augusti ; E. RITTERLING,
   RE XII (1925) *legio*, 1796.

c. et leg(ionis) XXII :
   Germania, Vindelicia aut Aegyptus ? E. RITTERLING, *RE*
   XII (1925) *legio*, 1362.

d. praefect(us) castrorum :
   fortasse non diversus, L. Aponius, eques Romanus e
   cohorte Drusi (a. 14 a. Chr. n.) ; postea primipilaris (?),
   cfr. *PIR, l.l.*

   flamen Aug(usti), primus urbi Iul(iae) Ba[eter(rensium)]
   praefectus pro II viro C. Caesaris Augusti f. [. . . . . . .].

Baeterrae, Gallia Narbonensis ; cfr. J. SCHWARTZ, *l.l.*

9. L. Aquillius Oculatius [266]

H.-G. PFLAUM, *Syria*, 44 (1967) pp. 339-362 = AE 1968, 513
(diploma militare), Syria.

   praefectus cohortis II Ituraeorum :
   Aegyptus ; cfr. J. LESQUIER, *Armée*, p. 530 ; C. CICHORIUS,
   RE IV (1901) *cohors*, 305-306 ;
   a. 105.

Flanona, Dalmatia ; G. ALFÖLDY, *Die Personennamen in der*
   römischen Provinz Dalmatia, Beiträge zur Namenforschung,
   N.F. Bhft. 4 (1969) p. 61, 255 ; J. J. WILKES, *Dalmatia,*
   History of the Provinces of the Roman Empire, London,
   1969, p. 195 : The leading family at Flanona, however,
   appears to have been the immigrant Aquillii (from
   Northern Italy, cfr. p. 248) ; p. 307. Cfr. G. ALFÖLDY,

Bevölkerung und Gesellschaft der römischen Provinz Dalmatien, Budapest, 1965, p. 73. Cfr. J. J. WILKES, *Equestrian Rank in Dalmatia under the Principate*, in: *Adriatica Praehistorica et Antiqua. Misc. G. Novak dicata*, Zagreb, 1970, pp. 529-551.

10. T. Attius Musa [321]

A. et E. BERNAND, *Les inscriptions grecques et latines du Colosse de Memnon*, 13 = CIL III 37 = ILS 8759 d = IGR I 1198 = SB V 8869 = CIG III 4720 (T. Petronius Secundus praef. Aegypti audit Memnonem et posuit titulum curante Musa), Thebae, Aegyptus.

> prae[f(ectus)] coh(ortis) II Thebaeor(um) :
> Aegyptus ; cfr. H.-G. PFLAUM, *Syria*, 44(1967) p. 354 ;
> C. CICHORIUS, *RE* IV (1901) *cohors*, 335 ;
> a. 92.

Origo : Italicus (?) ; cfr. W. SCHULZE, *Lat. Eigennamen*, p. 68 ;
I. KAJANTO, *Latin Cognomina*, p. 216 : cognomen Musa :
in Rome 110 out of a total of 188.

11. Q. Attius T. f. Maec(ia) Priscus [322]

CIL V 7425 = ILS 2720 (titulus honorarius ; plebs urbana dedic.), Libarna, Regio IX, Gallia Cisalpina Latina ; cfr. PLIN. *h.n.* 35, 120.

PIR I² p. 273 n. 1361.

> aed(ilis), II vir quinq(uennalis), flam(en) Aug(usti), pontif(ex), praef(ectus) fabr(um).

> *a.* praef(ectus) coh(ortis) I Hispanorum :
> quae cohors I Hisp. significata ? Cfr. C. CICHORIUS, *RE*

IV (1901) *cohors*, 299; cohors in Pannonia (?), W.WAGNER, *Dislokation*, p. 147, cfr. A. MÓCSY, *RE Suppl*. IX (1962) *Pannonia*, 622; cohors in Aegypto (?), cfr. R. CAVENAILE, *Aegyptus*, 50 (1970) p. 227 n. 322.

b. et coh(ortis) I Montanorum :
quae cohors I Montan. significata ? Cfr. C. CICHORIUS, *RE* IV (1901) *cohors*, 316-317 ; cohors in Pannonia (?), W. WAGNER, *Dislokation*, p. 171, cfr. A. MÓCSY, *RE Suppl*. IX (1962) *Pannonia*, 623.

c. et coh(ortis) I Lusitanor(um) :
quae cohors I Lusitanor. significata ? Cfr. C. CICHORIUS, *RE* IV (1901) *cohors*, 311-312 ; cohors in Pannonia (?), W. WAGNER, *Dislokation*, p. 162, cfr. A. MÓCSY, *RE Suppl*. IX (1962) *Pannonia*, 623 ; cohors in Aegypto (?), cfr. R. CAVENAILE, *Aegyptus*, 50 (1970) p. 227 n. 322.

d. trib(unus) mil(itum) leg(ionis) I Adiutric(is)
donis donatus ab Imp(eratore) Nerva Caesare Aug(usto) Germ(anico) bello Suebic(o) coron(a) aurea hasta pura vexill(is) :
Pannonia ; cfr. A. MÓCSY, *RE Suppl.* IX (1962) *Pannonia*, 613-614 ; E. RITTERLING, *RE* XII (1925) *legio*, 1401 ; a. 96/97.

e. praef(ectus) alae I Aug(ustae) Thracum :
Raetia ; E. RITTERLING, *Fasti röm. Deutschl.*, p. 134 ; E. STEIN, *Beamten*, pp. 154-155 ; W. WAGNER, *Dislokation*, pp. 72-73.

Libarna, Regio IX, Gallia Cisalpina Latina.

12. T. Aufidius T. f. Ani(ensi) Balbus [332]

CIL III 399 (Tullia viva fecit filio suo Balbo), Pergamum, Asia.

trib(unus) mil(itum) Alexandr(eiae) ad Aegypt(um) leg(ionis) XXII ann(is) VIIII :
ante a. 40 ; cfr. H.-G. PFLAUM, *Recueil des Notices*, p. 162 n. 6.

Pergamum, Asia ; cfr. E. BIRLEY, *Epigraphische Studien*, 8 (1969) p. 79 ; T. Aufidius T.f. Ani(ensi) Spinter (CIL III 399), pater, tr(ibunus) mil(itum) in Hispania leg(ionis) IIII (sc. Macedonicae) an(nis) V (aet. Augusti).

13. Aurelius Clem[ens] [382]

CIG III 5089 = SB V 7972 = IGR I 1360 (titulus mutilus), Pselkis, Aegyptus.

Αὐρήλιος Κλήμ⌊ης⌋ ἔπαρχο[ς...] :
praefectus ;
post a. 150.

Origo ? Cfr. I. KAJANTO, *Latin Cognomina*, p. 263.

14. M. Aurelius Corellius Alexander [673]
= 4. Alexander [73]

CP Herm. 57, 58, 59 = U. WILCKEN, *Chrest.* 151 ; CP Herm. 60, 61, 62, 64, 66, 67, 71, 74, 76, 82, 83, 84, 85, 86 = U. WILCKEN, *Chrest.* 195 ; CP Herm. 87, 88, 89, 90, 91, 92, 93 = CPR p. 110 ; CP Herm. 94 = U. WILCKEN, *Chrest.* 194 ; CP Herm. 101, 119 (119 R. VII = U. WILCKEN, *Chrest.* 377 et L. MITTEIS, *Chrest.* 275 et WESSELY, *Stud. Pal.* XX, 63 ; 119 V. III = U. WILCKEN, *Chrest.* 158) ; CPR 39, Hermopolis, Aegyptus.

> *a.* διὰ Μάρκου Αὐρηλίου Κορελλίου ᾿Αλεξάνδρου ἱππικοῦ ἀπὸ στρατιῶν :
> eques a militiis, cfr. H. DEVIJVER, *Zetesis*, pp. 549-565 ; Alexander militiis functus est ca. a. 260, cfr. CPR 39 (a. 266).
>
> εὐθηνιαρχήσαντος γυμνασιάρχου βουλευτοῦ νεωκόρου τοῦ ἐνταῦθα μεγάλου Σαράπιδος ἐνάρχου πρυτάνεως τῆς αὐτῆς πόλεως :
> neocorus, cfr. adnot. ad 1. Aelianum, filium Euphranoris.

Origo : Hermopolis, Aegyptus.

15. Aurelius (Mathematicus) [433]

J. BAILLET, *IGL*, I 1806 (ἰδ[ὼν] ἱστόρησα), Thebae, Aegyptus.

> Ἀυρήλιος μαθηματικὸς ἔπαρχος χωρ Γ̄/ἰδ[ὼν] ἱστόρησα : praefectus cohortis III, sc. cohortis III Ituraeorum in Aegypto, cfr. J. LESQUIER, *Armée*, p. 91 ; II s. /III s.

Origo ? Ad cognomen (?), cfr. *adnot*. J. BAILLET, *IGL*, I 1806 : Nous avons rencontré plusieurs mathématiciens parmi les visiteurs (nᵒˢ 559, 154 et 1628). Sans les recommander pour un poste militaire, cette qualité n'y mettait pas obstacle.

16*. Avillius Quadratus

Pap. Fouad I, 21 (antigraphum hypomnematismi de civitate missiciorum), originis incertae.

> 4. ἐν τῶι μεγάλῳ ἀτρίωι, ἐπὶ βήματος, παρόντων ἐν συνβουλίω[ι N]ωρβ[α]νοῦ Πτολεμαίου δικαιοδότου καὶ πρὸς τῷ [ἰδίωι] λόγῳ, Ἀουιλλίου Κοναδράτου καὶ Τεννίου Οὐέτερος [4-5 l.]υ Ἀττικοῦ, Παπειρίου Πάστορος καὶ Βαιβίου Ἰουνκείνου [χιλιά]ρχων :
> Avillius Quadratus, Tennius Vetus, [- - - -]us Atticus, Papirius Pastor et Baebius Iuncinus, tribuni militum et assessores Norbani Ptolemaei, iuridici et idiologi (4 sept. a. 63), cfr. H.-G. PFLAUM, *Carrières*, pp. 44-46 ; Avillius Quadratus tribunus militum legionis III Cyrenaicae aut XXII Deiotarianae in Aegypto.

Origo : Italicus ? Cfr. W. SCHULZE, *Lat. Eigennamen*, p. 72, 337, 348 ; I. KAJANTO, *Latin Cognomina*, p. 232.

17*. - - -]uṣ Arrụn[t]iạnus

R. O. Fink, *Roman military Records*, 63 (pridianum (?) cohortis
I Hispanorum veteranae), Aegyptus.

Col. 1. l. 24. [- - - - pr]id[i]anum coh. Ị Ḥisp. ỵeter. d. Ṣtobiṣ
l. 25. [- - - -] . uṣ Arrụn[t]iạnus praef. :
praef(ectus), sc. coh(ortis) I Hisp(anorum) veter(anae)
d(egentis ?) Stobis ; ca. 17 sept. a. 100 ? a. 105 ? ; Arruntianus praefectus maxima cum parte militum cohortis I
Hispanorum veteranae ex Aegypto ad Moesiam (Stobis ?)
tendebat. Arruntiano praefecto absente, P. Claudius
Iustus, praefectus cohortis I Thebaeorum, curator erat
cohortis I Hispanorum in Aegypto (?), cfr. CIL III
14147, 2 = ILS 8907.

Origo ?

18*. [- - - -]us Atticus

Pap. Fouad I, 21 (antigraphum hypomnematismi de civitate
missiciorum), originis incertae.

4. ἐν τῶι μεγάλῳ ἀτρίωι, ἐπὶ βήματος, παρόντων ἐν συνβου-
λίω[ι N]ωρβ[α]νοῦ Πτολεμαίου δικαιοδότου καὶ πρὸς τῷ
[ἰδίωι] λόγῳ, 'Αουιλλίου Κουαδράτου καὶ Τεννίου Οὐέτερος
[4-5 l.]υ 'Αττικοῦ, Παπειρίου Πάστορος καὶ Βαιβίου 'Ιουνκεί-
νου [χιλιά]ρχων :
Avillius Quadratus, Tennius Vetus, [- - - -]us Atticus,
Papirius Pastor et Baebius Iuncinus, tribuni militum et
assessores Norbani Ptolemaei, iuridici et idiologi (4 sept. a.
63), cfr. H.-G. Pflaum, *Carrières*, pp. 44-46 ;
[- - - -]us Atticus tribunus militum legionis III Cyrenaicae
aut XXII Deiotarianae in Aegypto

Origo ? cfr. I. Kajanto, *Latin Cognomina*, p. 203.

19*. P. Babulli[us] C. f. F[—] Sallu[stianus ?]

M. MELLO et G. VOZA, *Le Iscrizioni Latine di Paestum*, Napoli, 1968, n. 86, cfr. J. M. REYNOLDS, *JRS*, 51 (1971) p. 147 (titulus honorarius mutilus : - - - decur]iones etia[mque - - - - - curave]-runt), Paestum, in Museo, Italia.

a. trib(unus) milit(um) leg(ionis) XXII Deioteran(ae) (sic) :
sc. Deiotariana ; Aegyptus ; cfr. E. RITTERLING, *RE* XII (1925) *legio,* 1796 ;
ca. a. 70.

pro[c(urator) Aug(usti) missus ad agro]s dividendos veteranis qui s[unt deducti sub cur?]a eius in colonia Flavia prima Paesti :
sc. veterani classis Misenensis, *a. 70,* cfr. M. MELLO et G. VOZA, *o.c.,* n. 86, *adnot.* ;
cu[rator ? - - - - -]ptor(-) compl(-) missus et accensus provinciae [B]elgicae acc[ensus ? - - -].
- -] pontifi[cis fla]men divi Cl[audi - - -] : potest pertinere ad cursum honorum alterius hominis.

Italicus ; cfr. W. SCHULZE, *Lat. Eigenn.,* p. 132 ; G. ALFÖLDY, *Beiträge zur Namenforschung, Bhft.* 4 (1969) p. 65 : Außer in Italien sonst nicht belegt (CIL V : 4, CIL IX : 1, CIL X : 10 Belege). Paestum ad tribum Maeciam pertinebat.

20. Baburius Lucullinus [468]

BGU IV 1032 (epikrisis), Faijûm, Aegyptus.

ἔπαρχος σπ[είρης] :
praefectus cohortis ;
a. 173.

Origo : Occidentalis ? Cfr. W. SCHULZE, *Lat. Eigennamen,* p. 103 ; I. KAJANTO, *Latin Cognomina,* pp. 172-173.

21*. Baebius Iuncinus

Pap. Fouad I, 21 (antigraphum hypomnematismi de civitate missiciorum), originis incertae.

P. MELONI, *L'amministrazione della Sardegna da Augusto all' invasione Vandalica*, Roma, 1958, n. 23 ; H.-G. PFLAUM, *Carrières*, 121, 251 ; H.-G. PFLAUM, *Latomus*, 10 (1951) pp. 471-477, et E. BELOCH-H.-G. PFLAUM, *Rev. hist. de Droit* (1952) pp. 120-121 (AE 1952, 97) ad A. STEIN, *Präf. Ägypt.*, pp. 115-117 ; cfr. *PIR* I² p. 347 n. 18.

> 4. ἐν τῶι μεγάλῳ ἀτρίωι, ἐπὶ βήματος, παρόντων ἐν συνβου-
> λίω[ι Ν]ωρβ[α]νοῦ Πτολεμαίου δικαιοδότου καὶ πρὸς τῷ
> [ἰδίωι] λόγῳ, ᾿Αουιλλίου Κουαδράτου καὶ Τεννίου Οὐέτερος
> [4-5 l.]υ ᾿Αττικοῦ, Παπειρίου Πάστορος καὶ Βαιβίου ᾿Ιουνκεί-
> νου [χιλιά]ρχων :
> Avillius Quadratus, Tennius Vetus, [- - - -]us Atticus,
> Papirius Pastor et Baebius Iuncinus, tribuni militum et
> assessores Norbani Ptolemaei, iuridici et idiologi (4 sept.
> a. 63), cfr. H.-G. PFLAUM, *Carrières*, pp. 44-46 ;
> Baebius Iuncinus tribunus militum legionis III Cyrenaicae
> aut XXII Deiotarianae in Aegypto.

Messana, Sicilia ; cfr. 22. L. Baebius L. f. Gal(eria) Iuncinus, militiis perfunctus et iuridicus Aegypti, aet. Traiani / Hadriani, eiusdem stirpis ; e posteris : L. Baebius Aurelius Iuncinus (CIL X 7580 = ILS 1358) praefectus Aegypti (a. 213), *PIR* I² p. 346 n. 13 ; O. W. REINMUTH, *Prefects of Egypt*, pp. 110-111 ; H.-G. PFLAUM, *Carrières*, 251 ; duo per saecula Baebii Iuncini in Aegypto muneribus functi sunt ; cfr. H. DEVIJVER, *ANRW*, II, 1, p. 486, pp. 491-492.

22. L. Baebius L. f. Gal(eria) Iuncinus [470]

CIL X 6976 = ILS 1434 (titulus honorarius), Messana, Sicilia.

P. MELONI, *L'amministrazione della Sardegna da Augusto all'* *invasione Vandalica*, Roma, 1958, n. 23 ; H.-G. PFLAUM, *Carrières*, 121, 251 ; H.-G. PFLAUM, *Latomus*, 10 (1951) pp. 471-477, et E. BELOCH-H.-G. PFLAUM, *Rev. hist. de Droit* (1952) pp. 120-121 (AE 1952, 97) ad A. STEIN, *Präf. Ägypt.*, pp. 115-117 ; *PIR* I² p. 347 n. 18 ; cfr. *PIR* I² p. 346 n. 13 ; H. DEVIJVER, *ANRW*, II, 1, p. 465.

praef(ectus) fabr(um).

a. praef(ectus) coh(ortis) IIII Raetorum :
Moesia Superior aut Cappadocia ; cfr. W. WAGNER, *Dislokation*, p. 180 not. 738 et CIL XVI 39 = ILS 9053 (a. 93), CIL XVI 46 = ILS 9054 (a. 100) : coh. in Moesia Sup., aet. Traiani in Cappadocia, cfr. H.-G. PFLAUM, *Carrières*, p. 295 not. 3.

b. trib(unus) milit(um) leg(ionis) XXII Deiotarianae :
Aegyptus ; E. RITTERLING, *RE* XII (1925) *legio*, 1796.

c. praef(ectus) alae Astyrum :
Moesia Inferior ; W. WAGNER, *Dislokation*, pp. 10-11 ; C. CICHORIUS, *RE* I (1894) *ala*, 1230-1231 ; CIL XVI 45 = ILS 1999 add. (a. 99) ;
aet. Traiani/Hadriani, cfr. H.-G. PFLAUM, *Carrières*, 121.

praef(ectus) vehiculorum (centenarius), iuridicus Aegypti (ducenarius).

Messana, Sicilia ; filius aut nepos 21* Baebii Iuncini, cfr. H.-G. PFLAUM, *Carrières*, 121 ; e posteris : L. Baebius Aurelius Iuncinus (CIL X 7580 = ILS 1358) praefectus Aegypti (a. 213), *PIR* I² p. 346 n. 13 ; H.-G. PFLAUM, *Carrières*, 251 ; O. W. REINMUTH, *Prefects of Egypt*, pp. 110-111 ; duo per saecula Baebii Iuncini in Aegypto muneribus functi sunt ; H. DEVIJVER, *ANRW*, II, 1, p. 486, pp. 491-492.

23*. Balbinianus, Balbiniani filius

P. Oxy. XLI 2978, Oxyrhynchus, Aegyptus.

> Βαλβεινιανῷ, Βαλβεινιανοῦ γενομένου ἐπιτρόπου Σεβαστοῦ
> υἱῷ, νεωκόρῳ τοῦ μεγάλου Σαράπιδος :
> Balbinianus, Balbiniani procuratoris Augusti filius, neo-
> corus, cfr. adnot. ad 1. Aelianum, alii neocori in militiis
> equestribus.

> *a.* γενομένῳ ἐπάρχῳ σπείρης πρώτης Φλαυίας ἱππικῆς :
> fuit praefectus cohortis primae Flaviae, sc. cohortis I
> Flaviae Cilicum ; Syene, Aegyptus ; cfr. J. LESQUIER,
> *Armée*, p. 86 ;
> III s. ?

> τῶν ἐν τῷ Μουσείῳ σειτουμένων ἀτελῶν, ἱερεῖ, ἀρχιδικαστῇ
> καὶ πρὸς τῇ ἐπιμελείᾳ τῶν χρηματιστῶν καὶ τῶν ἄλλων
> κριτηρίων :
> archidicastes, cfr. adnot. ad 1. Aelianum, alii archidicastai
> in militiis equestribus ; cfr. A. CALABI, *Aegyptus*, 32 (1952)
> p. 418 : Βαλβεινιανὸς ἔναρχος ἀρχιδικαστής (SB V 8362) ;
> III s. ?

Origo : Alexandrea, Aegyptus ; pater Balbiniani, procurator
Augusti ; cfr. H. DEVIJVER, *ANRW*, II, 1, p. 483.

24*. P. Bennius Sabinus

CIL III 8733 (titulus honorarius), Salona, Dalmatia.

> IIII vir iure dic(undo), augur, IIII vir i(ure) d(icundo)
> quinquennal(is), flam(en) Augustalis (Salona).

> *a.* praefect(us) cohort(is) II Lusitanor(um) equitatae :
> Aegyptus ? Cfr. C. CICHORIUS, *RE* IV (1901) *cohors*, 312-
> 313 ; J. LESQUIER, *Armée*, p. 92 not. 6 ;
> II pars I s.

Salona, Dalmatia ; cfr. G. ALFÖLDY, *Die Personennamen in der
römischen Provinz Dalmatia, Beiträge zur Namenforschung*,
N. F. Bhft. 4 (1969) pp. 66-67, pp. 285-286. Cfr. J. J.
WILKES, *Dalmatia, History of the Provinces of the
Roman Empire*, London, 1969, alii Bennii in Dalmatia,
p. 126 not. 5, p. 129, p. 237 not. 2, p. 240 not. 6, p. 325 :
Their ancestor may have been a soldier in a citizen
auxiliary unit, Cohort VIII Voluntariorum, who was
beneficiarius consularis at Doclea. The name is probably
Italian and commonest in the south (CIL III 2062 and
8747 ; cfr. Kubitscheck, *JÖAI*, 6 (1903) Bb. 83 (Salona) ;
cfr. III, 9783 (Aequum), III, 12. 697 (Doclea). Cfr. M.
ZANINOVIĆ, *Decuriones at Salona, Akten VI. Int. Kongr.
Griech. Lat. Epigr. München 1972, Vestigia*, 17 (1973)
pp. 499-502, p. 500 not. 4. Cfr. J. J. WILKES, *Equestrian
Rank in Dalmatia under the Principate*, in : *Adriatica
Praehistorica et Antiqua. Misc. G. Novak dicata*, Zagreb,
1970, pp. 529-551 ; cfr. H. DEVIJVER, *ANRW*, II, 1,
p. 480.

25. Blaesius Marianus [506]

CPR 1, 18 = L. MITTEIS, *Chrest.* 84 (Marianus, iudex datus a
praefecto Aeg. in causa hereditaria), Faijûm, Aegyptus.

Ἐκ τόμου [ὑπο]μνηματισμῶν [Β]λαισίου Μα[ρ]ιανοῦ ἐπάρχου
σπείρης [π]ρώ[τ]ης Φλαουίας Κιλί[κ]ων [ἱ]ππικῆς :
praefectus cohortis primae Flaviae Cilicum equitatae ;
Aegyptus ; cfr. CIL XVI 29 ; W. HÜTTL, *Antoninus
Pius*, I, p. 299 not. 381 ;
a. 124.

Origo : Occidentalis, Italicus ? Cfr. W. SCHULZE, *Lat. Eigennamen*, p. 295 ; I. KAJANTO, *Latin Cognomina* p. 150.

26. L. Bovius L. f. L. n. Fal(erna) Celer [507]

CIL X 1685 = ILS 1397 (titulus sepulcralis), Puteoli, Regio I, Italia ; cfr. CIL X 1686.

H.-G. PFLAUM, *Carrières*, 55 ; *PIR* I² p. 368 n. 149.

> II vir, q(uaestor), augur (sc. coloniae Puteolanorum) ; praef(ectus) fabr(um).

> *a.* trib(unus) milit(um) leg(ionis) III Cyr(enaicae) : Aegyptus ; cfr. H.-G. PFLAUM, *l.l.* ; E. RITTERLING, *RE* XII (1925) *legio*, 1514 ; aet. Domitiani.

> procur(ator) ludi famil(iae) glad(iatoriae) Caesaris Alexandreae ad Aegyptum (sexagenarius).

> adlectus inter selectos ab Imp(eratore) Caes(are) Aug(usto) : sc. iudex selectus.

Italicus, Puteoli, Regio I ; Celer posuit CIL X 1685 sibi et Sextiae L.f. Nerulae uxori optimae cum qua a pueritia sine offensa vixit annis XXXI ; cfr. CIL X 1686 (titulus sepulcralis filiae Lucillae) ; ibidem aliae Boviae, CIL X 2171, 2172. J. H. D'ARMS, *Puteoli in the Second Century of the Roman Empire : a Social and Economic Study*, *JRS*, 64 (1974) pp. 104-124, p. 123.

27. Bul[latius] Festus [511]

P. Lond. III 904 = U. WILCKEN, *Chrest.* 202 (edictum censorium C. Vibii Maximi), Alexandrea, Aegyptus.

> [αἰ]τίαν ἀπογράφεσ[θ]αι παρὰ Βουλ[λατίῳ] Φήστῳ ἐπάρχω[ι] εἴλης, ὃν ἐπὶ το[ύτῳ] ἔταξα : praefectus alae ; Aegyptus ; a. 104.

Origo ? cfr. W. SCHULZE, *Lat. Eigennamen*, p. 350 ; cfr. CIL VI
32627 (Roma ; laterculus praetorianorum) : Q. Bu[l]latius
Felix [L]amb(aese) ; cfr. [Q. Bu]llatius Sabinus (AE 1892,
13, Lambaesis, Numidia), trib(unus) cohor(tis) I Syro-
ru[m] (Mauretania Caesariensis, cfr. CIL VIII 9381, 9962),
Sabinus e Lambaese, Numidia, fortasse filius liberti et
veteranus erat (*III s. ?* ; cfr. M. G. JARRETT, *Epigraphische
Studien*, 9 (1972) p. 163 n. 31).

28*. C. Caerellius

P. Mich. VII 451 = AE 1952, 238 (tabula cerata venditionis),
Aegyptus :
C. Caerellio pr(a)efec(to) c̣[oh(ortis) ?] ; *11 dec. a. 206* : Prim[o
et Aemiliano cos.].

J. F. GILLIAM, *Americ. Journ. of Philology*, 71 (1950) p. 436,
Review of P. Mich. VII 451 :
In line 1 I read *C. Caerellio Prisco.* [, not *C. Caerellio prefec.
c̣[.* A *Caerellius Priscus* was *praetor tutelaris* in the time of Marcus
Aurelius (*P.I.R.*, II², no. 160), and possibly the man in the
papyrus belonged to the same family, especially if he is an
official. J. F. GILLIAM, *l.l.* : A consular date, *Prim[o et Aemiliano
cos*, is restored in line 7 and is used to date the papyrus in A.D.
206. The short form, however, of the names of the consuls of
that year seems to have *Albino et Aemiliano* ; see Dessau 8720
(so also in unpublished Dura papyri). In any case it is not neces-
sary to assume that a consular date followed *Decembres*.

Ad nomen Caerellii, cfr. W. SCHULZE, *Lat. Eigennamen*, p. 271 ;
cfr. J. LESQUIER, *Armée*, p. 525 et R. CAVENAILE, *Prosopographie*,
n. 526 : C.(?) Caere[llius ?] Se[. .]a[- - -], praefectus castrorum,
a. 150-153 ; Italicus ? Vel Africanus ?, cfr. G. ALFÖLDY, *Septimius Severus und der Senat, Bonner Jahrbücher*, 168 (1968),
pp. 112-160, pp. 136-137 : *Caerellii.*

29. Caesellius Quinti f[il(ius) . . . .] [528]

A. et E. BERNAND, *Les inscriptions grecques et latines du Colosse de Memnon*, 14 = CIL III 55 (audit Memnonem), Thebae, Aegyptus.

PIR II² p. 31 n. 166.

> *a.* praefectus Gallorum a[lae . . . .] :
> sc. ala veterana Gallorum ; Aegyptus ; cfr. J. H. OLIVER, *Hesperia* (1965) pp. 252-253 ; *RÉG* (1966) p. 441 n. 495 ; CIL IX 5439 = ILS 1368 ;
> I s. exeunte.
> *a.* praefectus item Ber(enicidis montis).

Origo ? Cfr. W. SCHULZE, *Lat. Eigennamen*, p. 135 ; I. KAJANTO, *Latin Cognomina, Index*, pp. 407-408.

30*. Cascellius Geminus

SB VI 9252 (antigraphum hypomnematismi strategi Apollonidis), Theadelphia ?, Aegyptus.

> l. 7. — ἐπὶ Κασκελίου Γεμίνου τοῦ ἐπὶ τῶν κεκριμένων :
> Cascellius Geminus fortasse militia equestri perfunctus est ?
> a. 118.

Origo ? Cfr. alii Cascellii : CIL VIII 15871 (praef. eq.), CIL VIII 18273 (trib. mil. leg. III Aug.), CIL VIII 3512, 18062 ; cfr. Q. Cascellius Q.f. Geminus, SEG XIV 647 (Caria, ca.a. 30-40).

31*. Casperius Aelianus

PHILOSTRATOS, *Vita Apollonii Tyanei* 7, 18 (cfr. *PIR* II² p. 107 n. 462).

PIR II² p. 107 n. 462 :

a. tribunus militum Vespasianum in Aegyptum comitatus est :
Casperius Aelianus, fortasse tribunus praetorianorum ; a. 69.

praefectus praetorio Domitiani (ca. a. 93) et denuo sub Nerva, in quem seditionem militum commovit a. 97. A Traiano ad Rhenum vel Danubium degente a. 98 ut videtur arcessitus et occisus est.

Origo, cfr. *PIR, l.l.*, ad familiam eius pertinere possunt Casperii CIL XIV 2336 (ager Albanus) ; *NSA*, 1888, 257 ; nescio quomodo coniunctus cum eo L. Casperius Aelianus, CIL III 6976 = IGR III 98.

32. Catonius Macer [574]

AE 1951, 254 = L. VIDMAN, *Inscr. Isiac. et Serap.* 332 (Macer dedicavit : ᾿Αγαθῇ τύχῃ. Διὶ ῾Ηλίῳ Σαράπιδι καὶ τῇ κυρίᾳ Εἴσιδι καὶ τοῖς συννάοις θεοῖς), Gürney, Paphlagonia.

Κατώνιος Μάκερ ἔπαρχος σπείρης πρώτης Θρᾳκῶν :
praefectus cohortis primae Thracum ; quae cohors I Thracum significata ? Cfr. C. CICHORIUS, *RE* IV (1901) *cohors*, 335-338 ; W. WAGNER, *Dislokation*, pp. 188-192 ; in Aegypto ? Cfr. R. CAVENAILE, *Aegyptus*, 50 (1970) p. 238 n. 574 ;
II s. /III s. ?

Origo ? Occidentalis ? Cfr. W. SCHULZE, *Lat. Eigennamen*, p. 76, 423 ; I. KAJANTO, *Latin Cognomina*, p. 244. Cfr. M. Macrinius Avitus M.f. Claud(ia) Catonius Vindex (CIL VI 1449, cfr. p. 3805 = ILS 1107), quattuor militiis perfunctus (a. 158-169), procurator et postea adlectus in amplissimum ordinem (a. 173?), mortuus ca. a. 182 (H.-G. PFLAUM, *Carrières*, 188 ; P. LAMBRECHTS, *Le sénat romain*, p. 127, n. 749) : Italicus ? Cfr. P. LAMBRECHTS, *l.l.* ; E. BIRLEY, *Corolla E. Swoboda*, pp. 54-67 : . . . . tribe Claudia and nomenclature suggest that he came from either Cologne (*Germania Inferior*) or Colchester (*Britannia*) ; cfr. E. BIRLEY, *Epigraphische Studien*, 8 (1969) p. 73. Pater eius M. Macrinius Vindex, praefectus praetorio, cfr. H.-G. PFLAUM, *l.l.* ; Catonius Macer ad eandem stirpem pertinuit (?).

33. Ti. Claudius Africanus [604]

CIL III 14147, 2 = ILS 8907 = AE 1896, 40 (praefectus Aegypti, praefectus castrorum et cohortes tres Imp. Caesari Nervae Traiano Aug.), Syene, Aegyptus.

> coh(ors) I Hispanor(um) eq(uitata) cui praeest Ti. Claudius Africanus :
> Aegyptus ; a. 98, aut 99, cfr. H.-G. PFLAUM, *Carrières*, 58 ; in eodem titulo enumerantur : coh(ors) II Itur(aeorum) eq(uitata) cui praeest Ti. Claudius Berenicianus et coh(ors) I Theb(aeorum) eq(uitata) cui praeest P. Claudius Iustus.

Origo ? Cfr. I. KAJANTO, *Latin Cognomina*, p. 205 : Africanus, in Africa 54 out of a total of 121.

34. Tib. Claudius
Tib. Claudii Neronis filius Quirina Apollinaris [611]

CIG III 4714 = IGR I 1148 = SB V 8325 (pro salute Imp.
Caes. Traiani dedicavit), Panospolis, Aegyptus.

> Τιβέριος Κλαύδιος Τιβερίου Κλαυδίου Νέρωνος υἱὸς Κουιρίνα
> Ἀπολλινάριο[s], τῶν κεχειλιαρχηκότων :
>
> i.e. a militiis, cfr. H. DEVIJVER, *Zetesis*, pp. 549-565,
> p. 563 ; M. G. JARRETT, *Epigraphische Studien*, 9 (1972)
> p. 146 ; cfr. adnot. ad 45. M. Claudium Serenum ; titulus
> positus est a. 109 die XIV mensis Maii.
>
> [προστάτ]ης Τρίφιδος καὶ Πανός θεῶν μεγίστων.

Aegyptus ; cfr. E. BIRLEY, *Epigraphische Studien*, 8 (1969) p. 75 ;
Quirina est tribus Claudiorum.

35. Ti. Claudius Berenicianus [612]

CIL III 14147, 2 = ILS 8907 = AE 1896, 40 (praefectus Aegypti,
praefectus castrorum et cohortes tres Imp. Caesari Nervae
Traiano Aug.), Syene, Aegyptus.

> coh(ors) II Itur(aeorum) eq(uitata) cui praeest Ti. Clau-
> dius Berenicianus :
> Aegyptus ; a. 98, aut 99, cfr. H.-G. PFLAUM, *Carrières*,
> 58 ; in eodem titulo enumerantur : coh(ors) I Hispano-
> r(um) eq(uitata) cui praeest Ti. Claudius Africanus et
> coh(ors) I Theb(aeorum) eq(uitata) cui praeest P. Claudius
> Iustus ; cfr. J. LESQUIER, *Armée*, p. 527.

Origo ? Cfr. CIL VI 26264 (titulus sepulcralis, Roma) : Septimia
Beronice fecit sibi et Ti. Claudio Beroniciano filio suo
karissimo.

36*. [C]laudi[us] Chionis Claudii Philostrati filius

OGIS II 494 = ILS 8860 = AE 1895, 77 (titulus honorarius), Miletus, Asia.

PIR II² p. 190 n. 832 ; cfr. AE 1920, p. 34.

> [Κ]λαύδι[ος] Χίονις Κλαυδίου Φιλοστράτου υἱὸς, τῷ αὐτῷ ἔτει προφήτης ὁμοῦ καὶ ἀ[ρ]χιπρύτανις, προφητῶν καὶ ἀρχιπρυτανίδων ἔκγονο[ς] :
> eadem anno propheta et archiprutanis ; isdem muneribus quibus maiores, ad finem cursus perfunctus esse videtur.
>
> [ἔ]παρχος ἐν ῾Ρώμῃ :
> praefectus, sc. fabrum, Romae ; cfr. B. DOBSON, *Praefectus Fabrum*, pp. 61-84 ; H.-G. PFLAUM, *Recueil des Notices*, p. 162 n. 3.

a. χειλίαρχος ἐν ᾿Αλεξανδρείᾳ :
  tribunus, sc. legionis III Cyrenaicae aut XXII Deiotarianae, Alexandreae, Aegyptus ; aet. Augusti/Tiberii ; cfr. H.-G. PFLAUM, *Recueil des Notices*, p. 162 n. 3.

> πρ[ό]ξενος τῶν ἀπὸ τῆς οἰκο[υ]μένης ἱερονεικῶν, συν[έ]γδημος ἀναγραφεὶς ἐν [αἰ]ραρίῳ [Μ]εσσάλλα τοῦ γε[νο]μένου τῆς ᾿Ασίας ἀνθυπ[ά]του κ[αὶ] λαβὼν [μ]όνος ὁμοῦ π[ίσ]ιτν ἐπιστο[λῶ]ν ἀποκρ[ιμ]άτω[ν] διαταγμάτ[ων] κλήρου (i.e. καιροῦ ?) :
> comes ad aerarium delatus Messallae proconsulis Asiae, apud quem unus simul muneribus functus est ab epistulis, a responsis, ad legationes (vel a rescriptis), ab edictis ; H.-G. Pflaum : κλήρου = sors. Il présidait le tirage au sort des juges (litteris communicavit).
> [τ]ετελεκὼς δὲ κα[ὶ χο]ρηγίας καὶ γυμν[α]σιαρχίας πά[σ]ας, ἀρχιερεὺς τῶ[ν Σεβ]α[στ]ῶν, πεπρεσβευκὼς ὑπ[ὲρ τῆς π]ατρίδος πολλά[κις πρὸς] τοὺς αὐτοκράτορας.

Miletus, Asia ; cfr. E. BIRLEY, *Epigraphische Studien*, 8 (1969) p. 80 ; *PIR, l.l.*

37. Cl(audius) Commodianus [616]

J. BAILLET, *IGL*, 1678 = CIG III 4768 add. p. 1207 = IGR I 1216 (πάσας τὰς [σύριγγα]ς ἰδὼν ἐθαύμασα), Thebae, Aegyptus.

χειλίαρχος (λεγεῶνος) β΄ [Τραιανῆς] Ἰ[σ]χυρ(ᾶ)ς :
tribunus legionis II Traianae fortis ; Aegyptus ; J. LES-QUIER, *Armée*, p. 527 ;
a. 191.

Origo ? Cfr. J. BAILLET, *IGL*, 1678 *adnot.* : « Cet officier s'était hâté de prendre pour surnom le nom du maître. On sait que l'empereur avait formé des brigands de Commodiani pour l'escorter et l'appluadir. » Non veri simile est Claudium primum cognomen cognomine Commodiani mutasse (H.-G. PFLAUM, nobis litteris communicavit).

38. [Ti. Claudius . . . .]i filius Quirina Heras [622]

OGIS II 540 = IGR III 230 = AE 1897, 123 (titulus honorarius), Pessinus, Galatia ; cfr. IGR III 225 = OGIS II 541.

Ordo tituli :
δέκατον μετὰ [τ]ὸν ἀρχιερέα, πέμπτον δὲ Γαλατῶν διὰ βίου ἱερέα Μητρὸς θεῶν μεγάλης τῆς ἐν Πεσσιν⟨ν⟩οῦντι καὶ [Μ]ειδαείῳ, τῶν τε Σεβαστῶν ἑξάκις ἀρχιερέα τοῦ κοινοῦ Σεβαστηνῶν Γαλατῶν καὶ ἀγονοθέτην, σεβαστοφάντην τοῦ ναοῦ τοῦ ἐν Πεσσινοῦντι ἱερασάμενον πρῶτο[ν], γυμνασιαρχήσαντα καὶ ἐπιδ[ό]σεις δόντα :
decimus post sacerdotem maximum, quintus Galatarum sacerdos perpetuus Matris deorum, sexies pontifex maximus Augustorum communis Galatarum Sebastenorum, agonothete, gymnasiarchos.

a. ἔπαρχον σπείρης Ἰτυραίων :
praefectus cohortis Ituraeorum ; quae cohors Ituraeorum significata ? Cfr. C. CICHORIUS, *RE* IV (1901) *cohors*,

305-307 ; E. STEIN, *Beamten*, p. 199 ; W. WAGNER, *Dislokation*, pp. 157-159 ; J. LESQUIER, *Armée*, p. 527.

b. δὶς χειλίαρχον λε[γε]ώνων δύο, δωδεκάτης Κεραυν[ο]φόρου :
tribunus militum bis legionum duarum, XII Fulminatae ; Cappodocia ; aet. M. Aurel. et L. Veri.

c. καὶ τρίτης Κυρηναικῆς, ὑ[πὸ] τῶν Σεβαστῶν τετειμημέν[ον] δόρατι καθαρῷ καὶ στεφάνῳ τε[ι]χικῷ :
et tribunus legionis III Cyrenaicae, ab Augustis donis donatus hasta pura et corona murali ; Arabia ; E. RITTERLING, *RE* XII (1925) *legio*, 1708 ; W. HÜTTL, *Antoninus Pius*, p. 242 not. 56, Arabia.

Pessinus, Galatia ; E. BIRLEY, *Epigraphische Studien*, 8 (1969) p. 81 ; fortasse non idem ac [- - -]us Claudius Her[as], a. 75/76 audivit Memnonem, CIG III 4719 = IGR I 1194 = A. et E. BERNAND, *Les inscriptions grecques et latines du Colosse de Memnon*, 5 ; cfr. R. CAVENAILE, *Aegyptus*, 50 (1970) n. 622 : A identifier peut être avec [Τιβέριος Κλαύδιος] Ἡρᾶς, préfet coh. Itur. etc. ; cfr. J. LESQUIER, *Armée*, p. 522 ; A. et E. BERNAND, *l.l.*, adnot. : Mais l'incertitude qui plane sur les noms rend l'identification conjecturale. Cfr. CIL VI 15093 (Roma) : D. M. Ti. Claudio Herae fil. Claudi Heras.

39. P. Claudius Iustus [624]

CIL III 14147, 2 = ILS 8907 = AE 1896, 40 (praefectus Aegypti, praefectus castrorum et cohortes tres Imp. Caesari Nervae Traiano Aug.), Syene, Aegyptus.

coh(ors) I Theb(aeorum) eq(uitata) cui praeest P. Claudius Iustus :
Aegyptus ; a. 98 aut 99, cfr. H.-G. PFLAUM, *Carrières*, 58 ; in eodem titulo enumerantur : coh(ors) I Hispanor(um) eq(uitata) cui praeest Ti. Claudius Africanus et coh(ors) II Itur(aeorum) eq(uitata) cui praeest Ti. Claudius Berenicianus.

P. Claudius Iustus praef(ectus) coh(ortis) I Theb(aeorum) eq(uitatae) et curator coh(ortis) I Hispanor(um) eq(uitatae) et coh(ortis) II Ituraeor(um) equit(atae) : cfr. 17.* - - -]uṣ Arrụn[t]iạnus, *adnot.*

Origo ? Cfr. Ti. Claudius Iustus, *PIR* II² p. 210 n. 905, idiologus Aegypti, a. 147 ; [Ti.] Claudius Iustus, CIL XIII 8271, cfr. 8200 = AE 1896, 101, praef(ectus) coh(ortis) III Dalmat(arum) (Germania Inferior), cfr. G. ALFÖLDY, *Germania Inferior*, p. 57 et n. 116 : Herkunft unbekannt, wohl Provinzialer. Cfr. CIL XI 132 : [P.] Claudius P.f. Cam. Iustu[s] (Ravenna, Regio VIII).

40. Ti. Claudius
Ti. f. Quir(ina) Liberalis Aebutianus [625]

Inscr. Ital. I, 1, 105 add. = CIL XIV 4239 = ILS 1013 (Aebutianus cum Claudia Nectarea uxore, titulum honorarium posuit Herenniae M.f. Helvidiae Aemillianae L. Claudi Proculi Corneliani cos., consulis suffecti a. inc. I s.), Tibur, Latium.

PIR II² p. 211 n. 911 ; *PIR* I² p. 17 n. 111.

    equo publico ;
    praef(ectus) fabr(um).

  a. trib(unus) mil(itum) leg(ionis) III Cyrenaicae :
    Aegyptus ; E. RITTERLING, *RE* XII (1925) *legio*, 1514 ;
    cfr. J. LESQUIER, *Armée*, p. 527 ;
    II pars I s. aut primis decenniis s. II.

    dec(urialis) Caes(arum) co(n)s(ulum) pr(aetorum).

Origo : Italicus ? Cfr. *PIR* I² p. 17 n. 111 : *Aebutius Liberalis,* ad quem Seneca libros dedit de beneficiis (ubi nominatur passim) ; idem sine dubio : Liberalis noster tristis incendio Lugdunensis coloniae patriae suae Sen. ep. 91, 13.1.3, cf. de benef. 7, 31, 5. Parentela quadam coniunctus Q.

Aebutius Liberalis centurio legionis XI Claudiae, Neronis opinor aetate, CIL III 2883 (= 15045, 2), 9973 = ILS 5953a, 5953. Ex eadem familia videtur Ti. Claudius Liberalis Aebutianus Ti.f. Quirina, trib. mil. leg. III Cyren. CIL XIV 4239 = ILS 1013.

Cfr. CIL XIV 4239 *adnot.* : Ti. Claudius Liberalis Aebutianus frater fuit ni fallor Ti. Claudii Liberalis, CIL XIV 3624, praef. fabr., equo publico ; aliquo modo adfines fuisse hos homines Aebutii Liberalis, fortasse eius ad quem Seneca dedit libros de beneficiis, cognomina Ti. Claudii Liberalis Aebutiani indicant.

41. Claudius Lupianus [626]

C. HABICHT, *Inschr. Asklep., Altert. v. Pergamon*, VIII, 3, *Anm.* n. 134 ad IGR IV 447 (titulus honorarius Tib. Claudio Paulino, filio Claudii Lupiani), Pergamum, Asia ; cfr. AE 1967, 513.

> ʽΗ βουλὴ καὶ ὁ δῆμος τῶν νεω[κόρων Περγαμηνῶν] ἐτείμησεν Τιβέριον Κλαύδιον Παυλ[εῖνον, φιλοπάτορα καὶ] φιλομήτορα, Κλαυδίου Λουπιανοῦ [υἱὸν - etc - -.
> χειλιάρχου [λεγεῶνος γʹ Κυρηναικῆς] ἐν Αἰγύ[πτῳ] :
> tribunus legionis III Cyrenaicae, sic restituit C. HABICHT, aut legionis XXII Deiotarianae ? In Aegypto ; cfr. H.-G. PFLAUM, *Recueil des Notices*, p. 165 n. 31 ;
> ante a. 114.

Pergamum, Asia ; E. BIRLEY, *Epigraphische Studien*, 8 (1969) p. 79.

42. Claudius Philoxenus [629]

BGU I 136 = L. MITTEIS, *Chrest.* 86 (antigraphum hypomnematismi archidic. Claudii Philoxeni), Memphis, Aegyptus ; L. MITTEIS, *Chrest.* 207 = BGU I 73.

Κλαύδιος Φιλοξένος νεοκόρος [τοῦ μεγ]άλου Σαράπιδος :
cfr. adnot. ad 1. Aelianum, alii necori in militiis equestribus.

a. γενόμενος ἔπαρχος σπείρης πρώτης [Δαμασ]κηνῶν :
praefectus cohortis primae Damascenorum ; Syria Palaestina ; ca. a. 130 ; C. Cichorius, *RE* IV (1901) *cohors*,
280 ; J. Lesquier, *Armée*, p. 527 ; cfr. 45. M. Claudius
Serenus, neocorus et praefectus cohortis I Damascenorum
(U. Wilcken, *Chrest.* 144 = P. Oxy. III 477).

τῶν ἐν τῷ Μουσείῳ σιτουμένων ἀτελῶν, [ἱερεύ]ς καὶ ἀρχιδικαστής :
archidicastes, a. 135 ; cfr. A. Calabi, *Aegyptus*, 32 (1952)
p. 412.

Aegyptus ; cfr. E. Birley, *Epigraphische Studien*, 8 (1969)
p. 74.

43. L. Cl(audius) Propinquianus Apellinus [632]

K. Lanckoronski, *Städte Pamphyliens und Pisidiens*, I, Wien,
1890, 39 = *Les villes de la Pamphylie et de la Pisidie*, I, Paris,
1890, 39 = IGR III 797 (Apellinus dedicavit Claudiae Paulinae),
Perga, Lycia et Pamphylia.

χειλ(ίαρχος) λεγ(εῶνος) [β′] Τραιανῆς :
tribunus legionis II Traianae ; Aegyptus ; E. Ritterling,
RE XII (1925) *legio*, 1365 ;
II s.

Perga, Lycia et Pamphylia ; cfr. E. Birley, *Epigraphische
Studien*, 8 (1969) p. 80 ; una cum Apellino dedicavit,
IGR III 797, M. Cl(audius) Rutilius Varus, praefectus
equitum alae I colonorum, ex Perga, Claudiae Paulinae
(τὴν μάμμην οἱ ἔγγονοι) ; cfr. *PIR* II² p. 168 n. 780 : Cl(audius) Apellinus, leg. Aug. pr. pr. provinciae Britanniae sub
Severo Alexandro potest pertinere ad eandem domum.

44. Ti. Claudius Ti. fil. Pal(atina) Quartin(us) [633]

CIL XIII 1802 (titulus honorarius), Lugdunum, Gallia Lugdunensis ; cfr. CIL X 1783 = ILS 5919 ; CIL VI 1567 = CIL XIV 4473 ; CIL II 2959 = A. D'Ors, *Epigrafía jurídica de la España Romana*, p. 353.

G. Alföldy, *Fasti Hispanienses*, pp. 79-81 ; P. Lambrechts, *La composition du sénat romain* (117-192), p. 28 n. 38 ; *PIR* II² p. 240 n. 990 ; E. Ritterling, *Fasti röm. Deutschl.*, p. 29 n. 25 ; B. Stech, *Senatores Romani*, p. 168 n. 1581 ; P. Wuilleumier, *L'administration de la Lyonnaise sous le Haut-Empire*, Paris, 1948, p. 15 n. 8.

    a. trib(unus) mil(itum) leg(ionis) III Cyrenaeicae (sic) : Nicopolis, Aegyptus ; E. Ritterling, *RE* XII (1925) *legio*, 1514 ; a. 107.

    adlectus ab divo Traian(o) Parthic(o) in splendidissim(um) ordin(em), q(uaestor) ur[b]an(us), [VII vir epul]oni (sic), aed(ilis) pleb(is), praetor, leg(atus) pro pr(aetore) provinc(iae) Asiae, leg(atus) divi Traiani Parthic(i) et Imp(eratoris) Caes(aris) Traiani Hadriani Aug(usti) [i]ur[idi]c(us) prov(inciae) Hispan(iae) Citerior(is) Tarra[con(ensis), praep(ositus) vex(illationum) ?] iussu Imp(eratoris) Hadriani Aug(usti) [leg(ionum) II Traian(ae)] fortis et III Cyre-[naic(ae)], [leg(atus) Aug(usti) pro pr(aetore) Galliae Lugdunen]sis (?) (haud recte, cfr. infra G. Alföldy) ubi iussu [Imp(eratoris) eiusdem censum-vel-dilectum egit], cons(ul) suffectus (*a. 130*), leg(atus) Aug(usti) pr(o) pr(aetore) Germaniae Superioris.

    G. Alföldy, *Fasti Hispanienses*, pp. 79-81 proposuit ad CIL XIII 1802 : [i]ur[idi]c(us) prov(inciae) Hispan(iae) Citerior(is) Tarra[con(ensis), leg(atus)?] iussu Imp(eratoris) Hadriani - etc.

G. ALFÖLDY, *Fasti Hispanienses*, pp. 79-81 proposuit ad CIL VI 1567 = CIL XIV 4473 : [VII vir epulon(um) comes Imp(eratoris) Caes(aris) T]raiani Ha[driani Aug(usti) in Hispania et in Syria eodemque t]empore iussu [Imp(eratoris) Caes(aris) Traiani Hadriani Aug(usti) legat(us) legio]num secunda[e Tr(aianae) fort(is) et III Cyr(enaicae), leg(atus) Aug(usti) iur(idicus) Hisp(aniae) Cit(erioris) Tarraconen]sis ubi iussu [Imp(eratoris) Caes(aris) Traiani Hadriani Aug(usti) . . . . .].

Italicus, sc. Puteolanus (Puteolis II vir anno incerto erat) ; J. H. D'ARMS, *Puteoli in the Second Century of the Roman Empire* : *a Social and Economic Study*, *JRS*, 64 (1974) pp. 104-124, p. 122 ; cfr. P. LAMBRECHTS, *l.l.* ; E. RITTERLING, *RE* XII (1925) *legio*, 1514 ; Ostiensis, cfr. *PIR*, *l.l.* ; Lugdunensis, vix recte, cfr. H. DESSAU, *Hermes*, 45 (1900) 11 ; J. SCHWARTZ, *La Gaule romaine et l'Égypte*, pp. 1400-1401 ; cfr. B. STECH, *l.l.*

45. M. Claudius Serenus [639]

P. Oxy. III 477 = U. WILCKEN, *Chrest.* 144 (declaratio ad exegetem Alexandreae de ephebo), Alexandrea, Aegyptus.

νεωκόρος τοῦ μεγάλου Σαράπιδος :
alii neocori in militiis equestribus, cfr. adnot. ad 1. Aelianum.

a. τῶν κεχιλιαρχηκότων γενόμενος ἔπαρχος σπείρης πρώτης Δαμασ[κ]ηνῶν :
i.e. a militiis et praefectus cohortis primae Damascenorum ; τῶν κεχιλιαρχηκότων = a militiis, cfr. H. DEVIJVER, *Zetesis*, pp. 549-565, p. 563 ; M. G. JARRETT, *Epigraphische Studien*, 9 (1972) p. 146 ; praef. coh. I Damascen. in Syria Palaestina, ca. a. 130, cfr. C. CICHORIUS, *RE* IV (1901) *cohors*, 280 ; J. LESQUIER, *Armée*, p. 527 ; cfr. 42.

Claudius Philoxenus, neocorus et praefectus eiusdem cohortis, ca. a. 130 (L. MITTEIS, *Chrest.* 86 = BGU I 136).

καὶ ἀρχιγεωργός (cfr. P. Oxy. III 477 adnot.), ἱερεύς, ἐξηγητής (a. 132/3).

Aegyptus; cfr. E. BIRLEY, *Epigraphische Studien*, 8 (1969) p. 74; cfr. Tib. Cl(audius) Sere[nus] (*PIR* II² p. 245 n. 1017; H.-G. PFLAUM, *Carrières*, 283), praefectus cohortis secundae Hispanorum, tribunus cohortis sextae civium Romanorum, [procurator] rationis p[rivatae pro]vinciae Asi[ae et Phrygi]ae et Cariae, post aet. Septimii Severi, filius eius fortasse Tib. Claudius Serenus c(larissimus) v(ir) (CIL XV 7429; *NSA* (1925) p. 49), cfr. homonymus (CIL X 4078); Tib. Claudii Sereni quadam parentela coniuncti cum M. Claudio Sereno?

46. Cl(audius) Theon [644]

P. Fior. I, 50, l. 119 (agri divisio inter quattuor fratres), Hermopolis Magna, Aegyptus.

τριβουν[ο]ς :
tribunus? cfr. J. LESQUIER, *Armée*, p. 527;
a. 268.

Origo : Aegyptus (?); Cfr. homonymi, CIL III 3 (a. 104/144) Creta et CIL VI 15291 (Roma) :
Dis Manibus Q. Claudio Theoni Q. Claudius Crispinus filius patri.

47. Cocceius Varus [662]

BGU III 847 = U. WILCKEN, *Chrest.* 460 = S. DARIS, *Documenti*, 96 (epikrisis veteranorum), originis incertae.

- - πρὸς ἐπίκρισιν] Οὐετουρίου Μακρίνου [ἐπάρχου Αἰγύπτου
διὰ Κοκκηίου] Οὐάρου,
χειλιάρχου [λεγιῶνος β′ Τραιανῆς ᾿Ισχυρᾶ]ς .
tribunus legionis II Traianae fortis ; Aegyptus ; J. LES-
QUIER, Armée, p. 527 ;
a. 182/183.

Origo ? Cfr. W. SCHULZE, Lat. Eigennamen, p. 426.

48. T. Cornasidius T. f. Fab(ia) Sabinus [674]

CIL IX 5439 = ILS 1368 (in memoriam eius positus), Falerio,
Regio V, Italia.

H.-G. PFLAUM, Carrières, 226 ; PIR II² p. 306 n. 1299 ; A. STEIN,
Reichsbeamten von Dazien, p. 82 ; H. DEVIJVER, ANRW, II, 1,
pp. 465-466.

> q(uaestor) p(ccuniae) p(ublicae), II vir q(uin)q(uennalis),
> aed(ilis), Laur(ens) Lavin(as), augur, p(atronus) c(oloniae).

a. praef(ectus) coh(ortis) I Mont(anorum) :
   fortasse in Pannonia Inferiore ; A. MÓCSY, RE Suppl. IX
   (1962) Pannonia, 624 ; W. WAGNER, Dislokation, p. 17
   not. 670.
b. trib(unus) leg(ionis) II Aug(ustae) :
   Britannia ; E. RITTERLING, RE XII (1925) legio, 1465.
c. praef(ectus) alae veter(anae) Gallor(um) :
   Aegyptus ; cfr. J. H. OLIVER, Hesperia (1965) pp. 252-253 ;
   W. WAGNER, Dislokation, p. 42 not. 249 ;
   exeunte II s. /ineunte III s.

> subpraef(ectus) class(is) pr(aetoriae) Raven(natis) (sexa-
> genarius), proc(urator) Alpium Atractianar(um) et Poeni-
> nar(um) iur(e) glad(ii) (centenarius), proc(urator) Aug(us-
> ti) Daciae Apulensis (centenarius), e(gregiae) m(emoriae)
> v(ir).

Italicus, Asculum, Regio V, cfr. H.-G. PFLAUM, *l.l.* ; T. Cornasi-
dius Vesennius filius eius, equo publ(ico), Laur(ens)
Lavin(as), CIL IX 5439 = ILS 1386 ; *PIR* II² p. 306
n. 1300.

49. C. Cornelius [L]ucr⟨p⟩etianus [691]

A. et E. BERNAND, *Les inscriptions grecques et latines du Colosse
de Memnon*, 26 = CIL III 59 (audit Memnonem), Thebae,
Aegyptus.

>   pr(aefectus) coh(ortis) VII Ityr(aeorum) :
>   Aegyptus ; cfr. C. CICHORIUS, *RE* IV (1901) *cohors*, 306 ;
>   J. LESQUIER, *Armée*, p. 528 ;
>   ante a. 130.

Origo ? Cfr. W. SCHULZE, *Lat. Eigennamen*, p. 445 ; I. KAJANTO,
Latin Cognomina, p. 149.

50. [- - C]elsianus [582]

P. Oxy. VII 1022 = U. WILCKEN, *Chrest.* 543 = R. CAVENAILE,
CPL, III = S. DARIS, *Documenti*, 4 = R. O. FINK, *Roman
military Records*, 87 = *Chartae latinae antiquiores*, III, 215
(litterae praefecti Aegypti C. Minicii Itali ad praefectum cohortis
de tironibus probatis in numeros referendis), Oxyrhynchus,
Aegyptus.

>   praefectus cohortis III Ituraeorum :
>   Aegyptus, Oxyrhynchus ; cfr. J. LESQUIER, *Armée*, p. 526 ;
>   a. 103.

Origo ? Cfr. I. KAJANTO, *Latin Cognomina*, p. 230.

51. L. Eienus L.f. Fal(erna) Saturninus [810]

CIL III 14147, 1 = ILS 8899 = AE 1896, 39 (C. Caesari Aug. Germanico divi Aug. pronepoti Ti. Caesaris Aug. n. Germanici Caesaris f. cohors Ituraeor(um) dedicavit), Syene, Aegyptus.

> cohors Ituraeor(um) cui prae(e)st L. Eienus L.f. Fal(erna) Saturninus :
> sc. praefectus cohortis Ituraeorum, i.e. cohors II Ituraeorum, cfr. H.-G. PFLAUM, *Syria*, 44 (1967) p. 354 ; C. CICHORIUS, *RE* IV (1901) *cohors*, 305-306 ; J. LESQUIER, *L'armée*, p. 530 ;
> apr. 28 a. 39.

Italicus ; Falerna tribus extra Italiam non invenitur.

52*. [.] Fabricius [V]ol(tinia) Montanus

CIL XII 3002 (titulus sepulcralis), Nemausus, Gallia Narbonensis.

A. GRENIER, *Les tribuns de la Narbonnaise*, pp. 53-62 ;
J. SCHWARTZ, *La Gaule romaine et l'Égypte*, p. 1401.

> [pr]aef(ectus) vig(ilum) et arm(aturae) — *vel recte* : arm(orum) :
> Nemausi, Galliae Narbonensis.

> a. trib(unus) milit(um) [leg(ionis) II]I Cyrenic(ae) (sic) :
> Aegyptus ; E. RITTERLING, *RE* XII (1925) *legio*, 1362-1364 ; cfr. J. SCHWARTZ, *l.l.* ;
> I s.

Nemausus, Gallia Narbonensis ; cfr. J. SCHWARTZ, *l.l.* ; cfr. J. SUOLAHTI, *L'Espansione di una Gens Romana (Fabricia)*, *Arctos*, *Acta Philologica Fennica*, N.S. 4 (1966), pp. 71-88, p. 84, p. 86.

52bis*. C. Fabricius C. f. Ani(ensis) Tuscus

J. M. Cook, *The Troad*, Oxford, 1973, G. E. Bean, *Epigraphical Appendix*, no. 50 (titulus honorarius decreto decurionum), Alexandria (?) Troas, Asia.

P. A. Brunt, *C. Fabricius Tuscus and an Augustan Dilectus, Zeitschrift für Papyrologie und Epigraphik*, 13 (1974) pp. 161-185 ; cfr. T. D. Barnes, *The Victories of Augustus, JRS*, 64 (1974) pp. 21-26.

II vir, augur :
ante a. 6 ; cfr. P. A. Brunt, *o.c.*, p. 174.

a. praef(ectus) cohort(is) Apulae :
in Oriente, fortasse in Galatia, cfr. P. A. Brunt, *o.c.*, p. 180, p. 174 not. 40.

a. et operum quae in colonia iussu Augusti facta sunt :
colonia, i.e. Alexandria Troas, Asia.

b. trib(unus) mil(itum) leg(ionis) III Cyr(enaicae) VIII :
sc. tribunus per annos VIII ; Aegyptus ; cfr. P. A. Brunt, *o.c.*, p. 173 not. 36 ; cfr. T. Aufidius Balbus (CIL III 399), trib(unus) mil(itum) Alexandr(eiae) ad Aegypt(um) leg(ionis) XXII ann(is) VIIII (aet. Augusti) ; cfr. H. Devijver, *Ancient Society*, 1 (1970) pp. 78-79 ;
a. 3 a. Chr. n. - a. 5 p. Chr. n., cfr. P. A. Brunt, *o.c.*, p. 174.

c. trib(unus) dilectus ingenuorum quem Romae habuit Augustus et Ti(berius) Caesar :
dilectus a. 6, P. A. Brunt, *l.l.* ; aliter G. E. Bean, *l.l.* :
a. 9 ; alter tribunus legionis III Cyrenaicae dilectus causa in Cyrenaica : C. Iulius Karus (AE 1951, 88).

d. praef(ectus) fabr(um) IIII :
sc. per annos IIII ; cfr. B. Dobson, *Praefectus Fabrum*, p. 71 ;
a. 7-11.

e. praef(ectus) equit(um) alae praet(oriae) IIII :
sc. per annos IIII in Germania Germanico Imperatore ;

a. 11-14, cfr. P. A. BRUNT, *o.c.*, p. 174 ;
hasta pura et corona aurea donatus est a Germanico
Caesare imp(eratore) bello Germanico.

Alexandria Troas, Asia ; cfr. P. A. BRUNT, *o.c.*, p. 173 not. 34 ;
homonymus : CIL II 187 add. ; cfr. W. SCHULZE, *Lat.
Eigenn.*, p. 258 ; W. KUBITSCHEK, *Imp. Rom. trib. discrip-
tum*, p. 247 ; cfr. J. SUOLAHTI, *L'Espansione di una Gens
Romana (Fabricia), Arctos, Acta Philologica Fennica*,
N.S. 4 (1966), pp. 71-88, p. 86 : Fabricius in Aegypto,
CIG III add. 4716 d 44.

53. [- - -] Fabricianus [834]

BGU II 613 = L. MITTEIS, *Chrest.* 89 (Fabricianus, praefectus
alae, iudex a Volusio Maeciano, praefecto Aegypti, designatus),
Faijûm, Aegyptus.

> [- - -] Φαβρικιανῷ ἐπάρχωι εἴλης καὶ ἐπὶ τῶν κεκριμέν(ων) :
> Fabricianus praefectus alae et iudex ; Aegyptus ; J.
> LESQUIER, *Armée*, p. 530 ;
> a. 160-162.

Origo ? Cfr. I. KAJANTO, *Latin Cognomina*, p. 146.

54. [. . . . .]anus Faustus [844]

BGU XI 2024 (cfr. BGU XI 2024 adnot. : Empfangsbescheinigung
eines Centurio über Lieferung von Gerst für Truppen), Faijûm,
Aegyptus.

> [. . . . .]ανοῦ Φαύστου [ἐ]πάρχου σπεί[ρης δευτέρ]ας Ἰτουρέων :
> praefectus cohortis secundae Ituraeorum, sc. equitatae ;
> a. 204 ; Aegyptus.

Origo ?

55. C. Hedius C. f. Clus(tumina) Verus [967]

CIL XI 6123 (titulus honorarius publice positus), Forum Sempronii, Regio VI, Italia.

PIR IV² p. 56 n. 42 ; H. Devijver, *ANRW*, II, 1, p. 466.

> aedilis, IIII vir, IIII vir quinq(uennalis), flamen item Pitino Mergente, patronus municipi, quaestor, II vir quinq(uennalis), II vir.
> equo publ(ico).

> *a.* praef(ectus) coh(ortis) II Ling(onum) eq(uitatae) : Britannia ; cfr. RIB 636 = CIL VII 309 ; RIB 635 = CIL VII 208 = ILS 4731 ; RIB 800 = AE 1951, 127 ; RIB 798 = CIL VII 359 ;
> II s.
> *b.* trib(unus) milit(um) leg(ionis) II Traian(ae) f(ortis) : Aegyptus ; E. Ritterling, *RE* XII (1925) *legio*, 1491 ; J. Lesquier, *Armée*, 533.
> *c.* praef(ectus) equit(um) alae Indianae p(iae) f(idelis) : sc. ala Indiana Gallorum ; Germania Superior ; E. Stein, *Beamten*, pp. 141-142 ; G. Alföldy, *Germania Inferior*, pp. 19-20 ; E. Ritterling, *Fasti röm. Deutschl.*, p. 140.

Italicus, Forum Sempronii, Regio VI ; cfr. *PIR* IV² p. 56 n. 42.

56. T. Helvius Lucanus [977]

A. et E. Bernand, *Les inscriptions grecques et latines du Colosse de Memnon*, 56 = CIL III 49 (cum Maecenatia Pia uxore et Maecenate Lucano filio Memnonem audivit), Thebae, Aegyptus.

PIR IV² p. 63 n. 72.

praef(ectus) alae Aprianae :
Hippônos, Aegyptus ; die 23 mensis Februarii anni 170 ;
H.-G. Pflaum, *Syria*, 44 (1967) p. 350 ; J. Lesquier,
Armée, p. 407 not. 11, 533 ; C. Cichorius, *RE* I (1894)
ala, 1229.

Origo ? Cfr. W. Schulze, *Lat. Eigennamen*, p. 162 ; I. Kajanto,
Latin Cognomina, p. 193.

57. Tib. Iulius Alexander [1.110]

OGIS II 705 = SB VI 8911 = IGR I 1044 (dedicatio Isidi),
Alexandrea, Aegyptus.

PIR IV² p. 135 n. 139 ; cfr. H.-G. Pflaum, *Carrières*, 17.

a. γενάμενος ἔπαρχος σπείρης α´ Φλαουίας :
praefectus cohortis I Flaviae ; Aegyptus ; a. 158 ; C.
Cichorius, *RE* IV (1901) *cohors*, 286 ; J. Lesquier,
Armée, p. 535 ; cfr. W. Hüttl, *Antoninus Pius*, I, p. 299
not. 381 : cohors I Flavia Cilicum equitata in Aegypto ;
p. 251 not. 91 : cohors I Flavia c. R. equitata in Syria ?

τῶν ἠγορανομηκότων, ὁ ἐπὶ τῆς εὐθηνίας τοῦ β´ γράμματο[s] :
sc. praefectus annonae ; cfr. U. Wilcken, *Griech. Ostr.* I,
pp. 658-659 : praefectos quosdam fuisse qui annonam
procurarent tum in civitatibus graecis, tum in metropoli-
bus probabile est.

Aegyptus ; cfr. E. Birley, *Epigraphische Studien*, 8 (1969)
p. 74 ; fortasse e stirpe Tib. Alexandri, celeberrimi Iudaei
et praefecti Aegypti a. 68 ; cfr. A. Stein, *Präf. Ägypt.*,
pp. 37-38 ; O. W. Reinmuth, *Prefects of Egypt*, p. 83 ;
H.-G. Pflaum, *Carrieres*, 17.

58. Ti. Iulius C.f. Corn(elia) Alexander Capito [1.111]

CIL III 7130 (EE IV 69) et *Jahreshefte Österreich. Archaeol. Instit*, 45 (1960) Bbl. pp. 98-100, n. 31 = AE 1966, 445 (tituli honorarii), Ephesus, Asia ;

H.-G. PFLAUM, *Carrières*, 75 ; *PIR* IV² p. 137 n. 140 ; *PIR* II p. 165 n. 93 ; E. VAN 'T DACK, *Gnomon*, 44 (1972), p. 277 ad BGU, XI, 2, n. 2065 ; H. DEVIJVER, *ANRW*, II, 1, p. 466 ; A. DEMAN, *Latomus*, 32 (1973) p. 141.

a. trib(unus) mil(itum) leg(ionis) III Cyrenaic(ae) :
   Aegyptus ; E. RITTERLING, *RE* XII (1925) *legio*, 1363-1364 ; aet. Domitiani/Nervae.
b. praefectus equitum alae Aug(ustae) :
   Aegyptus ; CIL XVI 29, 83 ; C. CICHORIUS, *RE* I (1894) *ala*, 1233 ; H.-G. PFLAUM, *Syria*, 44 (1967) pp. 350-351.

proc(urator) divi [Nervae] et Imp(eratoris) Nervae Traiani A[ug(usti) Ger]manici provinc(iae) Achaiae (centenarius), item provinc(iae) Asiae (ducenarius) ; ducenarius in Aegypto, cfr. E. VAN 'T DACK, *Gnomon*, 44 (1972), p. 277 ad BGU, XI, 2, n. 2065.

Ephesus, Asia ; E. BIRLEY, *Epigraphische Studien*, 8 (1969) p. 79 ; cfr. Ti. Iulius Celsus Polemaeanus, consanguineus, trib. leg. III Cyren. et adlectus in ordinem senatorium ab divo Vespasiano, cos. suff. (a. 92), procos. a. 106-107 in Asia ; Polemaeanus, procos. Asiae, fortasse eodem tempore, quo Capito ibidem procurationem absolvit (H.-G. PFLAUM, *Carrières*, 75). Capito, origine Sardianus, recte (?), cfr. *PIR* IV² p. 137 n. 170 et H.-G. PFLAUM, *l.l.*

59. Ti. Iulius
Ti. f. Cor(nelia) Celsus Polemaeanus [1.142]

R. Heberdey, *Jahreshefte Österreich. Archaeol. Instit.*, 7 (1904) Bbl. 56 = ILS 8971 et AE 1904, 99, AE 1905, 120 (Ti. Iulius Aquila Polemaeanus cos. patrem suum. Consummaverunt heredes Aquilae), Ephesus, Asia ; cfr. E. Ritterling, *Jahreshefte Österreich. Archaeol. Instit.*, 10 (1907) p. 299 = IGR IV 1509 et *Forschungen Ephesos*, V, 1, pp. 62-66 = AE 1954, 248.

W. Eck, *Senatoren von Vespasian bis Hadrian, Vestigia,* 13 (1970) p. 104 ; H.-G. Pflaum, *Carrières,* 75, p. 172 ; *PIR* IV² p. 197 n. 260 ; *PIR* II p. 180 n. 176.

> *a.* trib(unus) legionis III Cyrenaicae :
> Aegyptus, Alexandrea ; *PIR* IV² p. 197 n. 260 : natus eques ca. annum 45 ; trib. leg. certe anno 69 ; J. Lesquier, *Armée,* p. 535.

> adlectus inter aedilicios ab Divo Vespasiano :
> paulo post *a. 69* ut videtur, iam ante censuram *anni 74*, cfr. A. Stein, *Ritterstand,* p. 231, 3 et *PIR* IV², *l.l.* : praetor populi Romanorum (*a. 75*), legatus Augg. divorum Vespasiani et Titi (i.e. iuridicus) provinciae Cappadociae et Galatiae, Ponti, Pisidiae, Paphlagoniae, Armeniae minoris (Lycaoniae) (*a. 78-80*), legatus divi Titi (καὶ αὐτοκράτορος Σεβαστοῦ, i.e. Domitiani) legionis IIII Scythicae (*a. 80-82*), proconsul Ponti et Bithyniae (*ca. a. 84*), praefectus aerarii militaris, legatus Augusti pro praetore prov. Ciliciae (sub Domitiano, *ca. a. 90*), consul suffectus (*a. 92*), XV vir sacris faciundis, curator aedium sacrarum et operum publicorum populi Romani, proconsul Asiae (*a. 106/107*).

Ephesus, Asia ; E. Birley, *Epigraphische Studien,* 8 (1969) p. 79 ; cfr. Ti. Iulius Alexander Capito, trib. leg. III Cyren., consanguineus, procurationem Asiae absolvit eodem tempore quo Polemaeanus ibi proconsul; Ti. Iulius Aquila Polemaeanus cos. suff. (*a. 110*), filius eius ; cfr. *PIR* IV² p. 197 n. 260 : stemma, Celsum Sardianum et Ephesium fuisse apparet e titulis.

60. C. Iulius
C. f. Vo[l(tinia)] Karus, ex provincia Narbonensi [1.138]

E. BIRLEY, *DUJ*, 10 (1948) pp. 79-83 = *Roman Britain*, pp. 20-30 = AE 1951, 88 (centuriones et milites leg. III Cyr. et leg. [X]XII Karo), Cyrenae, Africa.

a. praef(ectus) coh(ortis) II Astyrum eq(uitatae),
donatus bello Brittanico c[or(ona)] murali, corona vallari, cor(ona) aurea, hasta pura :
Britannia, bello Britannico Traiani ; cfr. E. BIRLEY, *l.l.* ; G. ALFÖLDY, *Germania Inferior*, pp. 42-44 ; E. STEIN, *Beamten*, p. 165.

b. trib(unus) mil(itum) leg(ionis) III Cy[r(enaicae)] :
Aegyptus ; ante a. 119 ; cfr. E. RITTERLING, *RE*, XII (1925) *legio.* 1510.

b. Karus praeerat centurionibus et militibus legionis III Cyrenaicae et XXII Deiotarianae missis in provinciam Cyrenensium dilectus causa :
[c]enturiones et milites leg. III Cyr. et leg. [X]XII missi in provinciam [C]yrenensium dilectus caussa, dedicaverunt titulum Karo tribuno.

Ex provincia Narbonensi ; cfr. J. SCHWARTZ, *La Gaule romaine et l'Égypte*, p. 1400 ; CIL XII 2226.

61. Iulius Demetrius [1.150]

J. BAILLET, *IGL* 1663 = IGR I 1218 = SB I 1004 ; J. BAILLET, *IGL* 1662 (ἱστορήσας ἐθαύμασα), Thebae, Aegyptus.

χειλίαρχος :
tribunus ; sc. tribunus legionis II Traianae fortis (?) ; cfr.
J. LESQUIER, Armée, p. 535 ;
II s. /III s.

Origo : Orientalis ? Cfr. Ἰούλιος Δημήτριος, στρατηγὸς Ὀάσεως
Θηβαίδος, IGR I 1263 = OGIS II 669 = CIG III 4957
add. (Girgeh, Aegyptus) ; cfr. IGR III 713 : Ἀρχιερέος
Ἰουλίου Δημητρίου (archiereus Lyciae) ; C. Iulii Demetrii
(CIL VI 35547 ; CIL III 3276, Mursa, Pannonia Inforior).

62. Iulius Domitius [1.154]

P. Oxy. I 32 = Select Pap. 1, 122 = R. CAVENAILE, CPL, 249
(Aurelius Archelaos beneficiarius commendavit Theonem amicum
Iulio Domitio tribuno), Oxyrhynchus, Aegyptus.

> tribunus mil(itum) leg(ionis) :
> sc. II Traianae ; Aegyptus ; J. LESQUIER, Armée, p. 257,
> 535;
> II s.

Origo ? Cfr. CIL VI 19940 (titulus sepulcralis, Roma) : Iulius
Domitius ; CIL VIII 3136 (Lambaesis, Numidia) : C.
Iulius Domitius veteranus et C. Iulius Domitius miles
leg. III Aug.

63. C. Iulius C. f. Cor(nelia) Elan[- - -] [1.155]

AE 1910, 76 = BRECCIA, Iscrizioni greche e latine, 1911, 503
(titulus sepulcralis), Gabaniat, Aegyptus.

> [pr]aef(ectus) eq(uitum) :
> Aegyptus (?) ; I pars I s. ? ; cfr. J. LESQUIER, Armée,
> p. 528 : C. Cornelius C. f. Cor. Elan [- - -, idem est ac
> p. 535 : C. Iulius C. f. Cor. Elan [- - -.

Origo ?

64. [Iu]lius Mithridaticus [1.217]
= 84. [- - -]lius Mithridaticus [1.551]

CIL III 60 = A. et E. BERNAND, *Inscriptions grecques et latines du Colosse de Memnon*, 46 (audivit Memnonem), Thebae, Aegyptus.

> tribunus [l]eg(ionis) XXII Deiot(arianae) :
> Aegyptus ; E. RITTERLING, *RE* XII (1925) *legio*, 1510 ;
> I s.

Origo : Orientalis (?), cfr. E. BIRLEY, *Epigraphische Studien*, 8 (1969) p. 74 : Aegyptus (under Hadrian at latest).

65. [Iu]lius Proclus [1.235]

P. Strasb. 146 = SB V 8261 (hypomnematisma Sempronii Liberalis, praef. Aegypti), Faijûm, Aegyptus.

> ἔπαρχος σπείρης [καὶ ἐπὶ τῶν κε]κριμένων :
> praefectus cohortis, quae cohors ? Aegyptus ;
> a. 154/158.

Origo ? Cfr. C. Iulius Proculus, qui sequitur.

66. C. Iulius C. f. Sergia Proculus [1.236]
= 99. [- - -]Ser(gia) Proculus [1.779]

AE 1914, 128 (ala Aug(usta) Germanica h(onoris) c(ausa) posuit Proculo), Antiochia, Pisidia ; AE 1966, 472 (titulus honorarius graecus), Side, Lycia, Pamphylia.

H.-G. PFLAUM, *Carrières*, 25.

> II vir, aug(ur).

a. trib(unus) mil(itum) leg(ionis) III Cyrenaic(ae) —
χειλίαρχος λεγεῶνος γ′ Κυρηναικῆς :
Aegyptus ; J. LESQUIER, *Armée*, p. 544 ;
aet. Neronis.

iuridicus Alexandreae et Aegypti — δικαιοδότης Αἰγύπτου,
proc(urator) Nero[nis Cl]audi Ca[esaris] Aug(usti) Germa-
[nici pr]ovinciae [Capp]adociae et Ciliciae — ἐπίτροπος
Σεβαστοῦ ἐπαρχείας Καππαδοκίας καὶ Κιλικίας (ducenarius).

Antiochia, Pisidia ; E. BIRLEY, *Epigraphische Studien*, 8 (1969)
p. 81.

67. Iulius Quadratus [1.240]

P. Tebt. II 488 (« Account of a trial before a chiliarch, much
mutilated »), Tebtynis, Aegyptus.

Ἰούλιος Κυαδρᾶτος χιλίαρχος :
tribunus militum, sc. legionis II Traianae (?) ; Aegyptus ;
a. 121-122.

Origo ? Cfr. Iulii Quadrati, Pergamon, senatores, *PIR* IV² pp.
257-261, n. 507-508.

68*. M. Iulius Senecio

PSI V 447 (epikrisis), Oxyrhynchus, Aegyptus.

l. 4 : — διὰ Μάρκου Ἰουλίου Σενεκίωνος χειλιάρχου λεγεῶνος
δευτέρας Τραιανῆς Ἰσχυρ[ᾶς ἐπικεκρίσθαι], cfr. l. 13-14, 16 :
M. Iulius Senecio, tribunus legionis II Traianae fortis ;
Aegyptus ; a. 167.

Origo ?

69. M. Iulius
M.f. Tribu Quir(ina) Silvanus, domo Thubursica
[1.280]

BGU II 696 = EE VII p. 458 = R. CAVENAILE, *CPL*, 118
= S. DARIS, *Documenti*, 9 = R. O. FINK, *Roman military Records*,
64 (pridianum cohortis I Lusitanorum), Contrapollonospolis
Maior, Aegyptus.

> praefectus coh(ortis) I Aug(ustae) pr(aetoriae) Lus(itano-
> rum) eq(uitatae) :
> Contrapollonospolis Maior, Aegyptus; J. LESQUIER,
> *Armée*, p. 502 not. 45; C. CICHORIUS, *RE* IV (1901)
> *cohors*, 311-312 ; cfr. RIB 1288 = CIL VII 1054 = ILS
> 1425 ; CIL III 22 cum add. 6626.
> In laterculo praefecti cohortis duo nominantur, Allius
> Pudentillus et qui die apr. 22 a. 154 ei successit et ad
> a. 156 in officio mansit M. Iulius Silvanus.

Domo Thubursica Numidarum ; cfr. M. G. JARRETT, *Historia*, 12
(1963) p. 213 not. 33 (V) ; M. G. JARRETT, *Epigraphische
Studien*, 9 (1972) p. 194 n. 88.

70. Iulius Vestinianus Asclepiades, qui et Leonidas
[1.290 = 2.195]

Pap. Primi, I 25 = SB VI Bhft. 2 n. 3 col. V, l. 11-13 (ὑπομνημα-
τισμοί), Tebtynis, Aegyptus.

> a. Ἰο̣[ύ]λιος Ὀησteineια[νὸ]s Ἀ̣[σκ]ληπειάδης, ὁ καὶ Λεονίδη[s]
> γε[νό]μ[ενος] ἔπαρχος σπείρα[s] τρίτης [Θ]ρᾳκῶν καὶ πρώτης
> [Θ]ρᾳκ[ῶν] :
> praefectus cohortis tertiae Thracum et primae Thracum ;
> Iulius duabus praefecturis in Syria fortasse perfunctus
> est ? Cfr. C. CICHORIUS, *RE* IV (1901) *cohors*, 337-338,

— 68 —

340 ; W. WAGNER, *Dislokation*, p. 188, pp. 191-192 ;
quae cohors III et I Thracum significata ? Ca. a. 125.

ὁ εἰερεὺς [καὶ ἀρχιδικασ]τής :
a. *127* ; cfr. A. CALABI, *Aegyptus*, 32 (1952) p. 412.

Origo ? Aegyptus (?) ; cfr. L. Iulius Vestinus, praefectus Aegypti,
   a. 59-62 (O. W. REINMUTH, *Prefects of Egypt*, p. 82) ;
   ex Vienna, Galliae Narbonensis, et L. Iulius Vestinus
   nepos eius, archiereus Alexandriae et totius Aegypti et a
   Museo Alexandriae, ab epistulis Hadriani, fortasse patroni
   Vestiniani stirpis fuerunt (?) ; cfr. H.-G. PFLAUM, *Carrières*, 25 ; J. SCHWARTZ, *La Gaule romaine et l'Égypte*,
   p. 1399.

71. Iunius [- - -] [1.293] = 72*. Iunius Ida[eu]s

72*. Iunius Ida[eu ?]s = Iunius [- - -] [1.293]

W. PEEK, *Zeitschrift für Papyrologie und Epigraphik*, 10 (1973)
pp. 231-233 ad E. BERNAND, *Inscriptions métriques de l'Égypte
gréco-romaine*, 1969, n⁰ 24, p. 134 *aliae editiones* : E. MILLER,
H. WEIL, *Rev. arch.* 1883, I, pp. 198-201 ; E. BRECCIA, *Iscrizioni*,
1911, 322 ; W. PEEK, *Hermes*, 66 (1931) pp. 325-327 n⁰ 9 et SEG
VIII 375 ; J. et L. ROBERT, *Bulletin épigraphique*, *RÉG* (1966)
p. 441 n⁰ 495 ad R. K. SHERK, *Greek Roman Byzantine Studies*, 5
(1964) pp. 295-304 et J. H. OLIVER, *Hesperia*, 34 (1965) pp. 252-
253 ; SEG XXIV 1216 ; W. PEEK, *Wissensch. Zeitschrift Halle-
Wittenberg*, 15 (1966) pp. 359-364 (Iunius titulum sepulcralem
liberto, stratori (?) contubernali), Chenoboskion, in Museo
Alexandriae exstat titulus.

   7. Ἰούνιος ΗΔΑ[.Υ. | .−.]Σ, πανυπέρτατος αὐτὸς ἔπαρχ[ος], |
   8. [οὐε]τράνων εἴλης δεσπόσυνος | [Γαλατ]ῶν :
   Cfr. E. BERNAND, *o.c.*, p. 135 : Iunius, commandant
   suprême, chef de l'aile des vétérans gaulois.

Praefectus alae veteranae Gallicae ; Aegyptus /Syria ;
cfr. J. Lesquier, *Armée*, pp. 76-78 ; R. K. Sherk, *o.c.*,
pp. 301-302 ; C. Cichorius, *RE* (1894) *ala*, 1245 ; J.
Schwartz, *La Gaule romaine et l'Égypte*, p. 1402 ;
II s.

Origo : Orientalis ; cfr. W. Schulze, *Lat. Eigennamen*, p. 470 ;
ad cognomen : W. Peek, *Zeitschrift für Papyrologie und
Epigraphik*, 10 (1973) p. 233 : In V. 7 scheint mir Crö-
nerts Ἰούνιος (Σ)ηδάτ[ιο]ς (zu lesen Ἰούνιος Σηδάτιος)
immer noch die wahrscheinlichste Deutung des Befundes.
Cfr. E. Bernand, *o.c.*, p. 140 not. 6 : W. Peek qui songe à
Ἠλά[σιο]ς renvoie à *P. Oxy.*, 6, 926, 7 où la lecture du
nom est des plus douteuses. Oliver préfère Ἠδα[ῖο]ς
« whether one interprets it as a variant spelling for
Ἰδαῖος, which has a long iota, or as an Ionic form of the
name Ἀδαῖος ». J. et L. Robert remarquent que « ce nom
étant macédonien n'a pas et ne peut avoir de forme
ionienne ». Sherk renonce à restituer.

73*. [D. Iu]nius Iuvenalis

CIL X 5382 = ILS 2926 (C[ere]ri sacrum vovit dedicav[itq]ue sua
pec.), Aquinum, Regio I, Italia.

PIR IV² p. 337 n. 765 ; *PIR* II p. 238 n. 500.

II [vir] quinq(uennalis) (Aquini), flamen divi Vespasiani.

a. [praef(ectus)] coh(ortis) [I] Delmatarum :
Britannia ; ca. a. 90 ; M. G. Jarrett, *The Garrison of
Maryport and the Roman Army in Britain, Britain and
Rome*, Kendal, 1965, pp. 36-37 ;
PIR IV² p. 337 n. 765 : titulus ab ipso Aquini positus
(CIL X 5382 = ILS 2926) qui contra suspicationem
virorum doctorum ad Iuvenalem poetam referri potest
(*vita V*). Ex Aquino municipio Romam se contulit et ad

dignitatem equestris ordinis sua virtute pervenit (*vita V*) ; praefectus cohortis in Britannia, a Traiano imperatore praefectus militum contra Scothos factus, ut ibi interficeretur (*vita* V, VI, quod omnino fide caret).

b. Cfr. *PIR*, *l.l.* : Aegyptum vidit (*ipse*, *Sat.* 15, 45) ; per honorem militiae (*vita* I, *Schol.* ad *Sat.* 4, 38) octogenarius missus ad praefecturam cohortis in extrema parte Aegypti tendentis (*vita* I, II, *Schol.* ad *Sat.* 4, 38 ; 15, 27) ; relegatus in Pentapolim Libyae. Cfr. J.A. FAIRWEATHER, *Ancient Society*, 5 (1974) pp. 239-242.

Aquinum, Regio I, Italia (cfr. IUV. *Sat.* 3, 319) ; cfr. *PIR*, *l.l.* : Libertini locupletis incertum filius an alumnus (*vita*). De origine provinciali, fortasse Hispanica, gentis poetae, quam e cognomine supponit, v. SYME, *Tacitus*, 609.

74. P. Iuventius Rufus [1.307]

F. W. GREEN, *Proceed. of the Soc. of Bibl. Arch.*, 31 (1909) pp. 247-254, 323 ; cfr. R. CAGNAT, *CRAI* (1910), p. 539, pp. 580-585 ; *Archiv*, V, pp. 422-423 = AE 1910, 207 = SB VIII 10173 = SEG XX 670 (titulus honorarius, a. 11), Wâdi Semna, Aegyptus ; cfr. OGIS II 660 = IGR I 1236 (Rufus procurator in titulo anni 18 eiusdem vallis in Aegypto nominatur).

PIR IV² p. 367 n. 885.

a. χιλίαρχος τῆς τερτιάνης λεγεῶν(ος) :
tribunus militum legionis tertiae, i.e. legionis III Cyrenaicae, aet. Augusti, ante a. 11 ; ad id tempus cognomen *Cyrenaica* legionis III non semper nominatur, cfr. H.-G. PFLAUM, *Carrières*, p. 127 not. 8, 9, 10, 11 ; J. LESQUIER, *Armée*, p. 537 ; Aegyptus.

a. καὶ ἔπαρχος Βερηνίκης :
et praefectus (montis) Berenicidis ; cfr. 91. L. Pinarius Natta, tr(ibunus) mil(itum) leg(ionis) III (sc. Cyrenaicae), praefectus Bernicidis (sic), ca. a. 25 (CIL X 1129 = ILS 2698).

καὶ ἀρχιμεταλλάρχης τῆς Ζμαράγδου καὶ Βαζίου καὶ Μαργαρί-
του καὶ πάντων τῶν μετάλλων τῆς Αἰγύπτου :
procurator metallorum montium Zmaragdi, Basii, Marga-
riti et omnium metallorum Aegypti (*mense Maio anni 11*) ;
μεταλλάρχης : procurator metallorum eorundem montium
et omnium lapicidarum Aegypti (*Octobri anni 18*).

Italicus (?) ; cfr. G. ALFÖLDY, *Beiträge zur Namenforschung,
Bhft.* 4 (1969) p. 91, 283 ; I. KAJANTO, *Latin Cognomina*,
p. 229 ; J. UNTERMANN, *Beiträge zur Namenforschung*, 7
(1956) p. 183.

75. [- - -] Iulianus [1.069]

CIG III 5071 = IGR I 1338 = SB V 8535 (titulus mutilus),
Talmis, Aegyptus.

['Ε]πὶ 'Ιουλια[νοῦ] ἐπάρχου :
praefectus alae vel cohortis alicuius ibi morantis (?) ;
II s. ?

Origo ?

76. L. Laetilius L. f. Stel(latina) Rufus [1.317]

CIL IX 1614 (Atteia Q. f. Prisca, uxor, posuit), Beneventum,
Regio II, Italia.

Ordo tituli :
a. trib(unus) mil(litum) leg(ionis) XXII,
   don(atus) hasta pura corona vallari :
   sc. legionis XXII Deiotarianae ; Aegyptus ; ante aet.
   Claudii ; J. LESQUIER, *Armée*, p. 537 ; E. RITTERLING, *RE*
   XII (1925) *legio*, 1796.

aedilis, quaes(tor), II vir i(ure) d(icundo),
praef(ectus) fabrum :
cfr. B. Dobson, *Praefectus Fabrum*, p. 68 not. 41.

Italicus, Beneventum, Regio II.

77. [.] Longeius Q. Longei Festi f. Quirina Ka[r]us [1.341]

CIL VIII 25846 = AE 1906, 35 (mater filio fecit), Carthago, Africa.

M. G. Jarrett, *Epigraphische Studien*, 9 (1972) pp. 197-198 n. 96 ; H.-G. Pflaum, *Antiq. Afric.*, 4 (1970) p. 107.

equo publico adlectus.

a. praefectus co[hort]is scutatae civium Romanorum Alexandriae :
Aegyptus ; II s. (*ante a. 156/161 ?*) ; C. Cichorius, *RE* IV (1901) *cohors*, 331 ; J. Lesquier, *Armée*, p. 93, 538 ; H.-G. Pflaum, *Recueil des Notices*, p. 165 n. 29 ; cfr. CIL XVI 29 = ILS 1996, CIL XVI 184.

Carthago, Africa ; cfr. M. G. Jarrett, *l.l.* ; H.-G. Pflaum, *l.l.* ; CIL VIII 25846 : [Peduc]aea Q. Peducaei Spei f(ilia) Sextia, mater eius, flaminica perpe[tua K]arthaginiensium, pio optimo sanctissimo dignissimo filio fecit ; cfr. O. W. Reinmuth, *Prefects of Egypt*, pp. 83-84 : L. *Peducaeus* Colon.

78. L. Lucceius Cerialis [1.404]

J. Lesquier, *Armée*, p. 502 n. 45 = F. Zucker, *Von Debod bis Bab Kalabsche*, in : *Les temples immergés de la Nubie*, 1912, III, p. 3 = SB I 3919 (titulus honorarius), Abisko, Aegyptus.

Λούκιος Λοκ(κ)έι(ο)ς Κερίαλις,
ἔπαρχος σπείρης α' Λυσιτανῶν ἱππικῆς :
praefectus cohortis I Lusitanorum equitatae ; Aegyptus ;
a. III ; cfr. H.-G. PFLAUM, *Syria*, 44 (1967) p. 352 ;
J. LESQUIER, *Armée*, p. 502 n. 45, p. 539.

Origo : Occidentalis ? Cfr. W. SCHULZE, *Lat. Eigennamen*, p. 539 ;
I. KAJANTO, *Latin Cognomina*, p. 211, p. 221.

79. A. Lusius A. f. Ter(etina) Gallus [1.437]

CIL X 4862 = ILS 2690 (soror Lusia Paullina sibi, patri et
fratri posuit), Venafrum, Regio I, Italia.

PIR V² p. 112 n. 434 ; *PIR* II p. 308 n. 321 ; cfr. *PIR* III p. 401
n. 278 ; cfr. H.-G. PFLAUM, *Carrières*, 7.

> *a.* trib(unus) mil(itum) leg(ionis) XXII Cyrenaicae :
> sc. Deiotarianae ; ad Alexandriam, Aegyptus ; E. RITTER-
> LING, *RE* XII (1925) *legio*, 1796 ;
> aet. Tiberii.
> *b.* praef(ectus) equit(um).

Italicus, Venafrum, Regio I ; A. Lusius Gallus filius M. Vergilii
M. f. Ter(etina) Galli Lusii (CIL X 4862 = ILS 2690 ;
H.-G. PFLAUM, *Carrières*, 7), prim(i) pil(i) leg(ionis) XI,
praef(ecti) cohort(is) Ubiorum peditum et equitum,
donati hastis puris duabus et coronis aureis ab divo
Aug(usto) et Ti(berio) Caesare Aug(usto), praef(ecti)
fabr(um) III, trib(uni) mil(itum) cohort(is) primae (*praetoriae*-inserendum putat MOMMSEN), idio[lo]gi ad Aegyptum,
II vir(i) iterum, pontif(icis), adoptati ut videtur a M. Vergilio
quodam ; soror A. Lusii Galli, Lusia Paullina (*PIR* V²
p. 115 n. 445), uxor ut videtur Sex. Vettuleni Cerialis,
legati legionis V Macedonicae bello Iudaico, cos. suff.
a. 73 vel a. 74 ? Cfr. S. DUSANIC, *On the Consules Suffecti
of A.D. 74-76, Epigraphica*, 30 (1968) pp. 59-74.

80. Magius Sabinus [1.451]

BGU I 265 = CIL III p. 2214 = U. WILCKEN, *Chrest.* 459
= S. DARIS, *Documenti*, 93 (epikrisis), Aegyptus (?).

[ἐπεκρίθησαν] — etc. — δ[ι]ὰ Μαγίου Σαβείνου χειλιάρ[χο]υ
λ[εγεῶνος β'] Τραιανῆς Ἰσχυρᾶς :
epikrisis a Magio Sabino, tribuno legionis II Traianae
fortis ; a. 148 ; Aegyptus ; J. LESQUIER, *L'armée*, p. 539 ;
cfr. W. HÜTTL, *Antoninus Pius*, II, p. 16 VII n. 2 : Mae-
sius ? Magius ? Sabinus.

Origo : Occidentalis, Italicus (?) ; cfr. W. SCHULZE, *Lat. Eigennamen*, p. 184 ; I. KAJANTO, *Latin Cognomina*, p. 186.

81. [Ma]nlius Severus [1.466]

BGU III 780 = S. DARIS, *Documenti*, 94 (epikrisis veteranorum),
Faijûm, Aegyptus.

ἔπαρχος σπεί[ρης - - - -] :
praefectus cohortis alicuius in Aegypto morantis ;
a. 154/156.

Origo : Occidentalis (?) ; cfr. G. ALFÖLDY, *Beiträge zur Namenforschung, Bhft. 4* (1969) p. 97 ; I. KAJANTO, *Latin Cogno-
mino*, p. 256.

82*. [P. Memmius Cri]tolai filius [Critolaus ?] Theocles, Delphus et N[icopolitanus]

J. F. GILLIAM, *BCH*, 91 (1967) pp. 269-271 = AE 1967, 454 et
J. DEVREKER, *Latomus*, 26 (1967) pp. 717-722 (SEG XXIV 380)
ad AE 1966, 382 = E. KAPETANOPOULOS, *BCH*, 90 (1966) pp.

119-130 = SEG XVIII 216 ad AE 1960, 124 = G. Daux, *BCH*, 83 (1959) pp. 490-493 et AE 1955, 61 = *BCH*, 78 (1954) pp. 388-391 ; J. et L. Robert, *RÉG*, 69 (1956) n. 131 ; *RÉG*, 81 (1968) n. 297 ; SEG XIV 424 ; SEG XXIII 317 (tituli honorarii), Delphi, Achaia ; cfr. J. H. Kent, *Corinth*, VIII, III, n. 138, 152, 264.

a. [χιλιαρχή]σαντα ἐν Γερμαν[ίαι ὑπ]ὸ Νόβιον Πρεῖσκον πρεσβευτή[ν αὐτοκράτορος Θεοῦ Οὐεσπα]σιανοῦ λεγ[εῶ]νος. F̄. Νεικηφόρου :

tribunus militum legionis VI Victricis in Germania sub Novio Prisco legato Imp. divi Vespasiani ; Novaesium, Germania Inferior ;

a. 79.

Cfr. G. Alföldy, *Legionslegaten*, p. 18 not. 96, pp. 64-65, B. *Nicht aufgenommene Personen*, 2 et not. 328 : D. Iunius Novius Priscus, cos. ord. *a. 78* (CIL XVI 23 = CIL XII 11967 = ILS 9052) et leg. Aug. pr. pr. Germaniae Inferioris ac imperator totius exercitus Germanici, *a. 79-81* (cfr. CIL XVI 158). Theocles fortasse tribunatu ab eo donatus est. *Aliter* AE 1960, 124, AE 1966, 382, AE 1967, 454 : D. Iunius Novius Priscus, legatus legionis VI Victricis (*ca. a. 70-74*), cos ord. (*a. 78*), leg. Aug. pr. pr. Germaniae Inferioris (*a. 80*).

καὶ στρατη[γήσαντα . . . .] :

sc. στρατηγός i.e. duovir Corinthi, cfr. AE 1967, 454, potius quam Nicopole (AE 196, 382).

[κεκοσ]μημέο[ν τ]ε τείμαις ἀγωνοθετικαῖς δό[γματι δήμου Κορινθίων] :

ornamentis agonotheticis honoratus decreto Corinthiorum populi.

Maiores P. Memmii Nicopolitani ex Aegypto ; abavus sedem collocavit Delphis et filius eius, P. Memmius Theocles, civitate donatus a P. Memmio Regulo, legato Achaiae inter a. 35-44, erat ter archon Delphis, cfr. AE 1966, 382.

83. Messius Iunianus [1.543]

P. Hamb. I 31 = CIL XVI, p. 143 n. 2 = S. DARIS, *Documenti*, 90 (epikrisis duplicarii), Faijûm, Aegyptus.

Εἴλης Αὐγούστης, ἧς ἔπαρχος Μέσσιος Ἰουνιανός :
Messius Iunianus praefectus alae Augustae ; a. 103 ;
Aegyptus ; cfr. H.-G. PFLAUM, *Syria*, 44 (1967) pp. 350-351 : ala Augusta postea ala Augusta Syriaca (?) ; J. LESQUIER, *Armée*, pp. 74-76, p. 540.
In eadem papyro nominatur [- - -] Πρόκλου χειλιάρχου, [- - -] Proculus, tribunus militum legionis III Cyrenaicae aut XXII Deiotarianae (?)

Origo ? Cfr. W. SCHULZE, *Lat. Eigennamen*, p. 33, 193 ; I. KAJAN-TO, *Latin Cognomina*, p. 148 ; cfr. alii Messii in militiis equestribus : P. Messius Augustinus Maecianus et P. Messius Saturninus (A. MERLIN, *IL Tun.* 250 = AE 1932, 34) : Pheradi Maius, Africa Proconsularis (H.-G., PFLAUM, *Carrières*, 231 ; M. G. JARRETT, *Epigraphische Studien*, 9 (1972) p. 199, n. 101, 102) ; M. M[e]ssius Messor, praef. co(hortis), CIL VIII 2483.

84. [- - -]lius Mithridaticus [1.551]
= 64. [Iu]lius Mithridaticus [1.217]

85. [- -]apus Munatiani filius [1.558]

Pap. Primi, I 26 = SB VI Bhft. 2 (1961) pp. 33-35 nr. 5 (« cession d'une terre catécique »), Tebtynis, Aegyptus.

-]απῳ [Μ]ουνατιανοῦ σπο[. . . .]γενο[[μενο]]μένου ἀρχιδι[κασ]-τ[οῦ] ὑῷ :

Munatianus, pater, archidicastes, cfr. A. CALABI, *Aegyptus*, 32 (1952) pp. 406-424.
τῶν ἐν Μουσείῳ σειτουμένων ἀτελῶν.

a. κεχ[ε]ιλιαρχηκότι :
i.e. fortasse : a militiis, cfr. H. DEVIJVER, *Zetesis*, pp. 549-565, p. 563 ; cfr. adnot. ad 45. M. Claudium Serenum ; ca. a. 125.

γενομένῳ στρατηγῷ τῆς πολέως, ἱερεῖ, ἀρχιδικαστῇ καὶ πρὸς τῇ ἐπιμελείᾳ τῶν χρηματισ[τῶν καὶ] τῶ[ν ἄ]λλων κριτηρίων :
a. 127-128 ; cfr. A. CALABI, *Aegyptus*, 32 (1952) pp. 406-424 ; cfr. adnot. ad 1. Aelianum, alii archidicastai in militiis equestribus.

Origo : Aegyptus (?)

86. C. Nasennius C. f. Marcellus Senior [1.566]

CIL XIV 171 = ILS 2741 ; CIL XIV 4457 (tituli honorarii), Ostia, Latium.

E. BIRLEY, *Corolla E. Swoboda*, pp. 54-67 ; H. DEVIJVER, *ANRW*, II, 1, p. 467.

II vir quinquennalis III (a. 166), quaestor, aedilis.
praefectus fabrum :
cfr. E. SANDER, *Der praefectus fabrum und die Legionsfabriken, Bonner Jahrbücher*, 162 (1962) p. 141 n. 12.

a. praef(ectus) coh(ortis) I Apamenae :
Aegyptus ; C. CICHORIUS, *RE* IV (1901) *cohors*, 241 ; W. HÜTTL, *Antoninus Pius*, I, p. 299 not. 379.
b. trib(unus) coh(ortis) I Italicae civium Romanorum voluntariorum :
Cappadocia ; C. CICHORIUS, *RE* IV (1901) *cohors*, 304 ; W. HÜTTL, *Antoninus Pius*, I, p. 242 not. 55 ; M. LE GLAY, *Ancient Society*, 3 (1972) p. 213.

c. praef(ectus) alae Phrygum :
sc. alae VII Phrygum, Syria ; C. Cichorius, *RE* I (1894)
ala, 1257 ; W. Hüttl, *Antoninus Pius*, I, p. 250 not. 87.

curator operum publicorum et aquarum perpetuus (a.
184), praetor et pontifex Laurentium Lavinatium,
p(atronus) c(oloniae) Ostiensium.

Italicus, Ostia, Latium.

87*. - - -]ius Nat[alis] = 126*. [- - -]

U. Wilcken, *Chrest.* 458 = BGU I 113 = S. Daris, *Documenti*,
92 ; cfr. W. Hüttl, *Antoninus Pius*, II, p. 16. VII. 1.

88. C. Oclatius C. f. Pal(atina) Modestus [1.606]

CIL IX 1619 = ILS 5502 (titulus positus publice decreto decurionum), Beneventum, Regio II, Italia.

H. Devijver, *ANRW*, II, 1, p. 467.

augur, II vir i(ure) d(icundo), quaest(or) II.
praef(ectus) fabr(um) Romae :
cfr. B. Dobson, *Praefectus fabrum*, p. 65.

a. praef(ectus) coh(ortis) II Pannonior(um) :
Britannia ; aet. Traiani ; C. Cichorius, *RE* IV (1901)
cohors, 323 ; RIB 880 = CIL VII 417 = EE VII 978.
b. praef(ectus) coh(ortis) III Ityraeor(um) :
Aegyptus ; C. Cichorius, *RE* IV (1901) *cohors*, 306 ;
J. Lesquier, *Armée*, p. 541.
c. trib(unus) mil(itum) leg(ionis) IIII Scythic(ae) :
Syria ; aet. Traiani /Hadriani ; E. Ritterling, *RE* XII
(1925) *legio*, 1363-1364.

curat(or) rei p(ublicae) Aecanor(um) item honoratus ad curam kalendari rei p(ublicae) Canusinor(um) a divo Traiano Parthico et ab Imp(eratore) Hadriano Aug(usto).

Italicus, Beneventum, Regio II.

89*. Papirius Pastor

Pap. Fouad I, 21 (antigraphum hypomnematismi de civitate missiciorum), originis incertae.

4. ἐν τῶι μεγάλωι ἀτρίωι, ἐπὶ βήματος, παρόντων ἐν συνβου-
λίω[ι Ν]ωρβ[α]νοῦ Πτολεμαίου δικαιοδότου καὶ πρὸς τῷ
[ἰδίωι] λόγῳ, ᾿Αουιλλίου Κουαδράτου καὶ Τεννίου Οὐέτερος
[4-5 l.]υ ᾿Αττικοῦ, Παπειρίου Πάστορος καὶ Βαιβίου ᾿Ιουνκεί-
νου [χιλιά]ρχων :
Avillius Quadratus, Tennius Vetus, [- - - -]us Atticus, Papirius Pastor et Baebius Iuncinus, tribuni militum et assessores Norbani Ptolemaei, iuridici et idiologi (4 sept. a. 63), cfr. H.-G. PFLAUM, *Carrières*, pp. 44-46 ; Papirius Pastor tribunus militum legionis III Cyrenaicae aut XXII Deiotarianae in Aegypto.

Origo : Italicus (?) ; cfr. W. SCHULZE, *Lat. Eigennamen*, p. 86, 331 ; I. KAJANTO, *Latin Cognomina*, p. 323 ; G. ALFÖLDY, *Beiträge zur Namenforschung*, Bhft. 4 (1969), p. 107, 261.

90. C. Passerius P. f. Vol(tinia) Afer [1.672]

CIL XII 1872 (amici posuerunt) ; CIL XII 1873 (titulus mutilus, positus a Passeria avo, fortasse Afro), Vienna, Gallia Narbonensis ; CIL XII 2566 (titulus mutilus), ad Lacum Lemannum, Gallia Narbonensis.

praef(ectus) fabr(um) III :
B. DOBSON, *Praefectus fabrum*, p. 68 not. 41.

IIII vir, flamen divi Aug(usti) d(ecreto) d(ecurionum), flam(en) Germ(anici) Caes(aris).

a. trib(unus) milit(um) leg(ionis) XXII :
sc. legionis XXII Deiotarianae ; Aegyptus ; E. RITTER-LING, *RE* XII (1925) *legio*, 1796 ; J. LESQUIER, *Armée*, p. 542 ; J. SCHWARTZ, *La Gaule romaine et l'Égypte*, p. 1401 ;
aet. Tiberii /Caligulae.

Vienna, Gallia Narbonensis ; cfr. A. GRENIER, *Les tribuns de la Narbonnaise*, pp. 53-62 ; J. SCHWARTZ, *l.l.*

91. L. Pinarius L. f. Gal(eria) Natta [1.715]

CIL X 1129 = ILS 2698 (M. Bivellius C.f. Gal(eria) posuit Nattae), Abellinum, Regio I, Italia ; TAC. *a.* 4, 34 ; SENECA, *Mor.* 122, 11.

PIR III p. 39 n. 309.

aed(ilis), II vir, q(uaestor).

a. tr(ibunus) mil(itum) leg(ionis) III :
sc. legionis III Cyrenaicae, ca. a. 25, ad id tempus cogno-men *Cyrenaica* legionis III non semper nominatur, cfr. H.-G. PFLAUM, *Carrières*, p. 127 not. 8, 9, 10, 11 ; Aegyp-tus ; R. RITTERLING, *RE* XII (1925) *legio*, 1514 ; cfr. 74. P. Iuventius Rufus.

a. praefectus Bernicidis (sic) :
cfr. 74. P. Iuventius Rufus, χιλίαρχος τῆς τερτιάνης λεγεῶ-ν(ος) καὶ ἔπαρχος Βερηνίκης.

Italicus, Abellinum, Regio I ; cfr. CIL XI 4189 = ILS 6627 (Interamna, Regio VI) : [. Pi]narius T.f. Clu(stumina) Natta, [p]ontif(ex), IIII vir, pr(aefectus) sacr(orum), tr(ibunus) mil(itum) et CIL XI 4746 (Tuder, Regio VI) : [. P]inarius Sex. f. Clu(stumina), II vir i(ure) d(icundo),

[p]raef(ectus) sacr(orum), tr(ibunus) mil(itum), *I pars I s.*; cfr. Q. Pinarius L.f. Aemilia, ILS 8862 = AE 1899, 73 (Ephesus, Asia) : χιλίαρχος λεγιῶνος ἕκτης Μακεδονικῆς.

92*. Plotius

R. O. FINK, *Roman military Records*, 58 = P. Gen. Lat. 1 verso IV (« monthly Summary of a Century of the leg. III Cyrenaica »), Aegyptus.

> col. ii, 8 : custos domi Ploti tr[i]buni Flavus :
> Aegyptus ; ca. a. 90 ; tribunus legionis III Cyrenaicae.

Origo ?

93. M. Plotius Faustus, signo Sertius [1.720]

CIL VIII 17904 = ILS 2751 = AE 1889, 11 ; 17905 ; CIL VIII 2394, cfr. p. 1693 ; 2395 ; 2396 = 17823 ; 2397 = ILS 2752 ; 2398, cfr. p. 1693 ; 2399 = ILS 2753 ; ILS 5579, cfr. *Bullet. Archéol. du Comité* (1932-1933) pp. 185-186 (tituli honorarii), Thamugadi, Numidia.

E. BIRLEY, *Corolla E. Swoboda*, pp. 54-67 ; H. DEVIJVER, *ANRW*, II, 1, pp. 467-468 ; R. DUNCAN-JONES, *PBSR*, 35, N.S. 22 (1967) p. 170 n. 62 ; M. G. JARRETT, *Epigraphische Studien*, 9 (1972) pp. 203-204 n. 109.

> eq(ues) R(omanus).
>
> *a.* praef(ectus) coh(ortis) III Ityraeorum :
> Aegyptus ; CIL XVI 29 ; C. CICHORIUS, *RE* IV (1901) *cohors*, 306 ; J. LESQUIER, *Armée*, p. 543.
> *b.* trib(unus) coh(ortis) I Fl(aviae) Canathenorum :
> sc. cohortis milliariae ; Raetia ; CIL XVI 94, 121 ; C. CICHORIUS, *RE* IV (1901) *cohors*, 267 ; E. RITTERLING,

Fasti röm. Deutschl., p. 145 ; E. Stein, *Beamten*, pp. 180-181.

c. praef(ectus) alae I Fl(aviae) Gallorum Taurianae :
Mauretania Tingitana ; CIL XVI 73, 159, 165, 169, 170, 173, 181, 182 ; C. Cichorius, *RE* I (1894) *ala*, 1245.

a militiis (CIL VIII 2397 ; 17905), a militiis III (CIL VIII 2399).

fl(amen) p(er)p(etuus), sacerd(os) urbis :
post militias, cfr. M. G. Jarrett, *l.l.* ; post a. 192, cfr. R. Duncan-Jones, *l.l.*

Thamugadi, Numidia ; Cornelia Valentina Tucciana fl(aminica) p(er)p(etua), bonae memoriae femina, uxor Fausti, CIL VIII 2398, cfr. p. 1693 ; cfr. CIL VIII 17904, posuit M. Pompeius Quintianus, eq(ues) R(omanus), fl(amen) p(er)p(etuus) Fausto parenti carissimo.

94. Sex. Pompeius Merula [1.739]

CIL III 6627 = ILS 2483 (dedicatio cohortis I Theb.), Coptos, Thebaïs, Aegyptus.

coh(ors) I Theb(aeorum) cui praeest Sex. Pompeius Merula :
sc. praefectus cohortis ; Aegyptus ; C. Cichorius, *RE* IV (1901) *cohors*, 334-335 ; cfr. J. Lesquier, *Armée*, p. 543 ; CIL III *Suppl.* 1, p. 1210 ;
aet. Augusti /Tiberii.

Origo : Italicus ? Cfr. I. Kajanto, *Latin Cognomina*, p. 331.

95. M. Pon[tius . . . .]tius ? [1.752]

CIL XI 3101 (titulus sepulcralis), Falerii, Regio VII.

H. Devijver, *ANRW*, II, 1, p. 468.

[s]crib(a) libr(arius) aed(ilium) cur(ulium) II, scrib(a) aed(ilium) cur(ulium) ho[nore usus].

praef(ectus) fabr(um) bis :
cfr. B. Dobson, *Praefectus fabrum*, p. 75 not. 52.

a. praef(ectus) cohor(tis) II It[uraeo]r(um) (?) :
Aegyptus ; C. Cichorius, *RE* IV (1901) *cohors*, 305-306 ;
J. Lesquier, *Armée*, p. 543 ;
II pars I s. vel II s.
b. [praef(ectus) cohor(tis) . . . R]aetor(um) equitatae :
quae cohors Raetorum significata ? Cfr. C. Cichorius, *RE*
IV (1901) *cohors*, 326-329.
c. trib(unus) milit(um) leg(ionis) III Ç[yren(aicae) ?] :
Aegyptus vel Arabia ; E. Ritterling, *RE* XII (1925)
legio, 1514.

Italicus, Falerii, Regio VII ?

96. M. Porcius M. f. Gal(eria) Narbonensis [1.757]

CIL II 4239 ([P(rovincia) H(ispania) C(iterior)] posuit flamini),
Tarraco, Hispania Citerior ; cfr. CIL II 4240.

G. Alföldy, *Flamines Hisp. Cit.*, n. 55 ; G. Barbieri, *Praefectus
Orae Maritimae, 1*, pp. 268-280, *2*, pp. 166-171 ; H. Devijver,
The Career of M. Porcius Narbonensis (CIL II 4239). *New Evi-
dence for the Reorganization of the Militiae Equestres by the Emperor
Claudius ?, Ancient Society*, 3 (1972) pp. 165-191 (AE 1971, 211) ;
R. Étienne, *Culte Impérial*, p. 135, 148 ; A. Grenier, *Les
tribuns de la Narbonnaise*, pp. 53-62 ; W. Hüttl, *Antoninus
Pius*, p. 245 not. 68 ; J. Schwartz, *La Gaule romaine et l'Égypte*,
p. 1401.

Ordo tituli :

a. trib(unus) mil(itum) leg(ionis) XXII :
sc. legionis XXII Deiotarianae, aet. Claudii /Neronis, ad
id tempus cognomen *Deiotariana* legionis XXII non

semper nominatur, cfr. 90. C. Passerius Afer ; cfr. J. LESQUIER, *Armée*, p. 544, 78 n. 7 ; E. RITTERLING, *RE* XII (1925) *legio*, 1796.

b. praef(ectus) alae T(h)rac(um) Herc(u)lan(ae) :
Syria ; C. CICHORIUS, *RE* I (1894) *ala*, 1263.

c. praef(ectus) orae maritimae :
Hispania Citerior ; Narbonensis fortasse hac praefectura functus est loco praefecturae cohortis, militiae primae ; cfr. H. DEVIJVER, *o.c.*, p. 183 ; *aliter* AE 1971, 211.

Ordinem militiarum decretum a Claudio secutus est Narbonensis (?) : praefectus orae maritimae, praefectus alae, tribunus militum legionis, cfr. H. DEVIJVER, *Ancient Society*, 1 (1970) pp. 69-81 ; *aliter* AE 1971, 211.

flamen divorum Aug(ustorum) provinciae Hisp(aniae) Citer(ioris) : cfr. G. ALFÖLDY, *l.l.* ; H. DEVIJVER, *Ancient Society*, 3 (1972), *Appendix*, pp. 189-191.

Tarraconensis, Hispania Citerior ; cfr. G. ALFÖLDY, *l.l.* ; H. DEVIJVER, *l.l.* ; cfr. R. ÉTIENNE, *o.c.*, p. 148 : Narbonensis, i.e. Narbo Martius, Gallia Narbonensis ; haud recte, cfr. W. KUBITSCHEK, *Imperium Romanum tributim descriptum*, 1889, p. 198 et W. KUBITSCHEK, *De Romanorum tribuum origine ac propagatione*, 1882, pp. 56, 188 : Narbo Martius pertinebat ad tribum Papiriam ; cfr. J. SCHWARTZ, *La Gaule romaine et l'Égypte*, p. 1401.

97*. [- - -] Patrocles

ILS 8867 (titulus honorarius), Nicaea, Bithynia.

a. [ἔπαρχο]ς σπείρης β′ Σπανῶν εὐσεβοῦς πιστῆς :
praefectus cohortis II Hispanorum piae fidelis ; quae cohors II Hispanorum significata ? Cfr. C. CICHORIUS, *RE* IV (1901) *cohors*, 299-301 ; E. STEIN, *Beamten*, pp. 194-198 ; W. WAGNER, *Dislokation*, p. 154 ; cfr. E. RITTER-

LING, *Fasti röm. Deutschl.*, p. 144 : praef. coh. II Hisp. eq. in Germania ?
Ca. a. 100-130.

b. [ἔπαρχος σ]πεί[ρ]ης πρώτης Οὐλπίας Ἀφρῶν ἱππικῆς ἐν Ἀλεξανδρείᾳ :
praefectus cohortis primae Ulpiae Afrorum equitatae in Alexandrea, Aegypto ; C. CICHORIUS, *RE* IV (1901) *cohors*, 237 ; H.-G. PFLAUM, *Recueil des Notices*, p. 157 n. 5.

[ἐπίτροπος ? Τρ]αιανοῦ Ἀδριανοῦ Σεβαστοῦ καὶ πρῶτος ἄρχων καὶ κοσ[μητὴ]ς καὶ πανηγυριάρχης καὶ ἀργυροταμίας ἔνδικος, [ἐπιμελητής] τῶν ἔργων κατὰ τὸ τοῦ κυρίου αὐτοκράτορος ἀπόκριμα :
loco [ἐπίτροπος ? Τρ]αιανοῦ Ἀδριανοῦ Σεβαστοῦ, fortasse restituendum est [ἔπαρχος Τρ]αιανοῦ Ἀδριανοῦ Σεβαστοῦ, i.e. Hadrianus Nicaeae πρῶτος ἄρχων electus et Patrocles loco eius ibi ἔπαρχος (H.-G. PFLAUM nobis litteris communicavit).

Nicaea, Bithynia ; cfr. E. BIRLEY, *Epigraphische Studien*, 8 (1969) p. 81.

98. [- - -] Proculus [1.773]

P. Hamb. I 31 = CIL XVI, p. 143 n. 2 = S. DARIS, *Documenti*, 90 (epikrisis duplicarii), Faijûm, Aegyptus.

[διὰ - - -] Πρόκλου χειλιάρχου[- - -] :
tribunus militum legionis III Cyrenaicae vel XXII Deiotarianae (?) ; Aegyptus ; cfr. E. RITTERLING, *RE* XII (1925) *legio*, 1364 ;
a. 103.
In eadem papyro : Εἴλης Αὐγούστης, ἧς ἔπαρχος Μέσσιος Ἰουνιανός : Messius Iunianus praefectus alae Augustae.

Origo ?

99. [- - -] Ser(gia) Proculus [1.779]
idem ac 66. C. Iulius C.f. Sergia Proculus [1.236]

100*. [- - - - Rufinus]

RIB 1271 = CIL VII 1038, cfr. E. BIRLEY, *Roman Britain*, pp. 130-132 (AE 1953, 241, c) (Eutychus lib(ertus) v(otum) s(olvit) Silvano [Pa]ntheo [p]ro sa[lute Ru]fin[i] trib(uni) et [L]ucillae eius), Bremenium, Britannia ; RIB 1288 = CIL VII 1054 add. p. 312 = ILS 1425 add. = M. V. TAYLOR et R. G. COLLINGWOOD, *Roman Britain in 1925*, *JRS*, 17 (1927) p. 219, cfr. E. BIRLEY, *Roman Britain*, pp. 130-132 (AE 1953, 241, c) et A. VON DOMASZEWSKI, *Die Rangordnung*, 1967², *Epigraphischer Anhang*, p. 237 (titulus sepulcralis mutilus), Bremenium, Britannia.

E. BIRLEY, *Corolla E. Swoboda*, pp. 54-67 ; E. BIRLEY, *Roman Britain*, pp. 130-132 ; E. BIRLEY, *Archaeologia Aeliana*, 4, 12 (1935) p. 200 ; *PIR* IV² p. 319 n. 675.

    a. [praef(ectus)] coh(ortis) I Aug(ustae) Lusitanor(um) :
    Aegyptus ; cfr. E. BIRLEY, *Corolla E. Swoboda, l.l.* ;
    C. CICHORIUS, *RE* IV (1901) *cohors*, 311-312 ; J. LESQUIER,
    Armée, pp. 92-93.

    b. item (praefectus) coh(ortis) I[I] Breucor(um) :
    Mauretania Caesariensis, coh. II Breucor. E. BIRLEY
    proposuit ; C. CICHORIUS, *RE* IV (1901) *cohors*, 258.

    subcur(ator) viae Flaminiae et aliment(orum), subcur(a-
    tor) operum publ(icorum) :
    fortasse ante militias (H.-G. PFLAUM nobis litteris com-
    municavit).

    c. [trib(unus)] coh(ortis) I Vardul(lorum) :
    sc. cohortis I Fidae Vardullorum civium Romanorum
    equitatae milliariae ; Britannia ;
    III s.

tribunus mortuus in Britannia :
vix(it) an(nos) XLVIII m(enses) VI d(ies) XXV.

Origo ? Cfr. *PIR* IV² p. 319 n. 675 : Iulia Lucilla, clarissima
femina, coniux [Rufini] cuiusdam, tribuni coh. I Vardullorum in Britannia mortui, cui dedicavit titulum sepulcralem, RIB 1288, tertio saeculo. Lucilla et Rufinus
tribunus honorantur a liberto, RIB 1271. Vix eadem
Iulia Lucilla (vel Lucilia), L. Iulii Iuliani patroni municipii
Oriculanorum filia, CIL XI 4090.

101. M. Sabinius Fuscus [1.837]

CIL XVI 29 = S. Daris, *Documenti*, 85 = ILS 1996 et III, 2
add. p. CLXXV (diploma militare), Coptos, Aegyptus ; CIL III
50 = A. et E. Bernand, *Inscriptions grecques et latines du Colosse
de Memnon*, 9 (audivit Memnonem), Thebae, Aegyptus.

Cohort(is) I Hispanorum, cui praest M. Sabinius Fuscus :
sc. praefectus cohortis I Hispanorum, sc. equitatae,
Aegyptus ; a. 83 (CIL XVI 29) et a. 81 (CIL III 50) ;
C. Cichorius, *RE* IV (1901) *cohors*, 298-299 ; J. Lesquier,
Armée, p. 545.

Origo : Gallia (?), cfr. J. Schwartz, *La Gaule romaine et l'Égypte*,
p. 1405 not. 4 ; Italicus (?), cfr. W. Schulze, *Lat. Eigennamen*, p. 222 ; I. Kajanto, *Latin Cognomina*, p. 228 ;
G. Alföldy, *Beiträge zur Namenforschung, Bhft.* 4
(1969) p. 116, 208.

102. Sempronius Honoratus [1.915]

P. Oxy. III 653 = L. Mitteis, *Chrest.* 90 (Honoratus praeerat
quaestioni priori in iudicio de hypotheca), Alexandrea, Aegyptus.

χιλίαρχος :
tribunus militum legionis, sc. II Traianae fortis ; Aegyptus ; J. Lesquier, *Armée*, p. 533 ;
a. 160/162.

Origo ? Cfr. W. Schulze, *Lat. Eigennamen*, p. 348 ; I. Kajanto, *Latin Cognomina*, p. 279 : Honoratus, in Africa 495 out of a total of 666.

103*. Sentius Maximus

P. Cattaoui, *Verso edd.* Grenfell-Hunt, *Arch.* 3, 61-67, *Nachtr. von Crönert, Stud. Pal.* 4, 107 = L. Mitteis, *Chrest.* 88, col. V (epikrisis), Alexandrea, Aegyptus.

ἐπὶ Σεντίου Μαξίμ[ο]υ χ[ι]λιάρχου τοῦ ἐπὶ τῶν κεκρ[ι]μένων :
Sentius Maximus, tribunus militum, sc. legionis II Trianae fortis ? ; Aegyptus ; J. Lesquier, *Armée*, p. 533 ;
a. 141.

Origo ? Italicus ? Cfr. W. Schulze, *Lat. Eigennamen*, p. 228 ; I. Kajanto, *Latin Cognomina*, p. 257 ; cfr. CIL VI 3141 : mil(es) ex [c]lasse p[r(aetoriae)] Miseni (centuria) Senti Maxim[i].

104*. L. Septi[mius ? . . f] Petro[nianus]

H. d'Escurac-Doisy, *Mélanges de l'École fr. à Rome*, 69 (1957) pp. 137-150 = AE 1958, 156 et H.-G. Pflaum, *Carrières*, 146bis add., pp. 975-978 (dic(urio) (sic) alae Thrac(um) strator eius ob merita), Caesarea, Mauretania Caesariensis.

H.-G. Pflaum, *Carrières*, 146bis add., pp. 975-978 ; H.-G.Pflaum, *Mélanges de l'École fr. à Rome*, 71 (1959) pp. 281-286 (AE 1960, 245) ; J. F. Gilliam, *Ala Agrippiana and Archistator, Classical*

Philology, 56 (1961) pp. 100-103 ; H. Devijver, *ANRW*, II, 1, p. 469; P. Leveau, *Antiquités Africaines*, 7 (1973), p. 161.

a. praef(ectus) co[h(ortis) . . c(ivium) R(omanorum)] volu[n-tarior(um)] : quae cohors voluntariorum significata ? Praefecti, loco tribunorum, praeerant cohorti VIII vol. in Dalmatia (AE 1940, 176 et M. Le Glay, *Ancient Society*, 3 (1972) p. 212 : Petro[nianus] *ca. a. 150* praefectus in Dalmatia ?) ; cfr. AE 1954, 145 (Thamugadi, Numidia) praef. coh. VII volunt., haud recte, i.e. coh. VIII volunt.

b. trib(unus) m[il(itum) leg(ionis)] secund[ae Traian(ae)] fortis : Aegyptus ; cfr. E. Ritterling, *RE* XII (1925) *legio*, 1365-1366 ;
medio II s.

c. pr[aef(ectus) alae] Agrippian[ae miniatae] :
Britannia ; cfr. CIL XVI 69 ; E. Stein, *Beamten*, pp. 121-122 ; C. Cichorius, *RE* I (1894) *ala*, 1229.

archistato[r praef(ecti) Aeg(ypti)] :
sexagenarius, cfr. H.-G. Pflaum, *Carrières*, 146bis add. pp. 976-977 et J. F. Gilliam, *l.l.*

praef(ectus) cla[s(sis) . . . .] (sexagenarius), a com-[mentariis] praef(ecti) [praetorio] (Romae ; centenarius), proc(urator) M[oesiae] Inferior[is] (centenarius), proc(u-rator) argentariar(um) Pannonicar(um) (centenarius), pro-c(urator) provinciae Mauret(aniae) Caesariens(is) (duce-narius ; cfr. Bengt E. Thomasson, II, p. 282) ; H.-G. Pflaum, *l.l.* : Petroniani cursus *inter a. 125-165*.

Origo ? Cfr. H.-G. Pflaum, *Carrières*, 146bis add., p. 275 ad nomen : « Alors que le surnom Petronianus nous paraît sûr, nous hésiterons . . . . à combler la lacune de la l. 1, étant donné que, en dehors du gentilice Septimius, assez répandu, on peut également penser à Septicius — Petro-nianus pourrait appartenir à la famille de C. Septicius Clarus, préfet du prétoire d'Hadrien (*SHA, v. Hadr.* 9, 5) — ou à Septienus (*CIL* VI 1056, IV, 118), noms de famille rare et très rare ».

105. Severus Iustus [1.968] — *Cfr. Summovendi* : 18bis

106*. P. Statilius C. f. Fab(ia) Iustus Sentianus

IGLSyr. VI 2793, 2794 (tituli honorarii), Baalbek, Syria.

> decurio col(oniae).
> praef(ectus) fabrum.

a. trib(unus) leg(ionis) II Tr(aianae) fort(is) :
Aegyptus ;
II s.

Heliopolitanus, Syria ; cfr. adnot. ad IGLSyr. VI 2793, 2794 :
« Il commence sa carrière équestre de la préfecture des
ouvriers, qui témoigne d'attaches avec les milieux séna-
toriaux ; serait-il parent du « patron de la colonie » que
fait connaître l'inscription suivante n° 2795 ». Cfr. IGL
Syr. VI 2795 : T. Statilius Maximus Severus, cos. a.
144 vel a. 171 ; cfr. Statilius Taurus, centurio legionis II
Traianae fortis, ca. a. 140, R. CAVENAILE, *Aegyptus*,
50 (1970) n. 1989 ; cfr. *PIR* III p. 261 n. 603, p. 260
n. 599 : Statilius Maximus idiologus Aegypti ; (Statilius ?) Ammianus, praef. Aegypti, inter a. 267-269 vel
a. 270/271 (?), A. STEIN, *Präf. Ägypt.*, pp. 150-151,
cfr. O. W. REINMUTH, *Prefects of Egypt*, p. 121 : a. 267-
268 : Statilius Ammianus.

107. Servius Sulpic[ius Serenus] [1.996]

CIG III 4724, add. p. 1201 (*RE* XII 1796 nota) = LEPSIUS,
Denkmäler, XII, tab. 77 n. 68 = IGR I 1200 = A. et E. BER-
NAND, *Les inscriptions grecques et latines du Colosse de Memnon*,
20 = SB V 8340 (audivit Memnonem), Thebae, Aegyptus ; cfr.

IGR I 1207 = ILS 8908 (voto Serenus aram instruxit Iovi), Thebae, Aegyptus ; cfr. A. von Premerstein, *Die Buchführung einer ägyptischen Legionsabteilung*, *Klio*, 3 (1903) p. 32, 4 = P. Lond. II 482 (Serenus, a. 130, procurator nominatur).

H.-G. Pflaum, *Carrières*, 104bis (122) et add. ; H. Devijver, *ANRW*, II, 1, p. 469.

   a. ἔπαρχος σπείρης :
     praefectus cohortis, fortasse in Aegypto, cfr. H.-G. Pflaum, *l.l.*

   b. [χιλίαρχος] λεγεῶνος κβ′ :
     tribunus militum legionis XXII, sc. XXII Deiotarianae, Aegyptus ;
     ca. a. 120.

   c. [ἔπαρχος ἄλης Οὐο]κουντίω[ν] :
     praefectus alae Vocontiorum ; Coptos, Aegyptus ; C. Cichorius, *RE* I (1894) *ala*, 1269 ; IGR I 1184 ; ILS 9060, 9142 ;
     praefectus alae, a. 122-123, vixit Agriophagos (IGR I 1207 = ILS 8908), cfr. H.-G. Pflaum, *l.l.*

     νεωκόρος τοῦ με[γάλου] Σαράπιδος, τῶν [ἐν Μουσείῳ] σειτουμένων ἀτελ[ῶν] :
     alii neocori in militiis equestribus, cfr. 1. Aelianus, filius Euphranoris.

     equitibus alae veteranae Gallicae annonam procuravit, i.e. procurator ad dioecesin Alexandreae (centenarius), a. 130, cfr. H.-G. Pflaum, *l.l.*

Alexandrea, Aegyptus ; pater Sereni fortasse civitate donatus est a Ser. Sulpicio Simili, praefecto Aegypti (a. 107-112 ; O. W. Reinmuth, *Prefects of Egypt*, p. 92), qui Sereni patronus esset ; cfr. H.-G. Pflaum, *l.l.*

108. [- - - - - - -]inius Secun[dus] [1.893]

IGLSyr. VII 4011 = CIG III 4536 f, p. 1178 = IGR III 1015 = OGIS II 586 (titulus publice positus), Arados, Syria.

Cfr. H.-G. Pflaum, *Carrières*, p. 47, 108 ; *PIR* III p. 188 n. 229[a] ; R. Syme, *Pliny the Procurator, Harvard Studies in Classical Philology*, 73 (1968) pp. 201-236, p. 205 ; H. Devijver, *ANRW*, II, 1, pp. 469-470 ; F. Millar, *JRS*, 53 (1963) p. 199 et A. Deman, *Latomus*, 32 (1973) p. 145.

a. [ἔπαρ]χος σπείρης [Θ]ρα[κῶν] [πρ]ώτης :
   praefectus cohortis primae Thracum ; quae quinque cohortium Thracum significata ? Cfr. C. Cichorius, *RE* IV (1901) *cohors*, 335-338 ; H.-G. Pflaum, *Libyca*, 3 (1955) pp. 138-139.

b. ἔπαρχος ΝΘ[- - - - - - -]ων :
   praefectus gentis, fortasse ἤθ[νους Ἰουδαί]ων — vel alicuius cohortis ? Praefectus alae Batavorum ? Cfr. F. Millar, *l.l.*

   ἀντεπίτρο[πος Τιβερίο]υ Ἰουλίου Ἀλ[ε]ξ[άνδρου ἐπ]αρχου τοῦ Ἰουδαι[κοῦ στρατοῦ] :
   subprocurator Tiberii Iulii Alexandri praefecti Iudaici exercitus ; a. 70.
   [ἀντεπίτ]ροπος Συρ[ίας - - - -] :
   subprocurator Syriae.

c. [χιλίαρχος ἐν Αἰγύπτ]ωι λεγεῶνος ε[ἰκοστῆς δευτέρας] :
   tribunus in Aegypto legionis XXII, sc. Deiotarianae ; post subprocurationem fuit Secundus tribunus militum, cfr. H.-G. Pflaum, *Empereurs romains d'Espagne*, pp. 99-100 ; cfr. AE 1967, 525 ad M. Avi-Yonah, *Israel Exploration Journal*, 16 (1966) pp. 258-264 : T. Mucius Clemens, *similis cursus* : ἔπαρχος σπ[είρης - - -] βασιλέως μεγάλου Ἀγρίπ [πα, βοηθός] Τιβερίου Ἰουλ (ίου) Ἀλεξάνδρου ἐπάρ[χου ---], ἔπαρχος σπείρης πρώτη[ς - - - Λεπι]διανῆς ἱππικῆς, β[οηθός]

Τιβερίου Κλαυδίο[υ - - -] ἐπιτρόπου Σε[βαστοῦ], praef. coh. in exercitu Agrippae II, adiutor Tib. Iulii Alexandri praefecti..., praef. coh. I Lepidianae equitatae, aduitor Ti. Claudii [- - -], procuratoris ducenarii Syriae.

Origo : Orientalis ?

109. [- - - -]onacianus Severus [1.967]

CIL III 320 = CIG III 4152 = IGR III 86 ([ἑαυτῷ ζῶ]ν κατεσκ-[ε]ύασε-vivus sibi fecit), Amastris, Pontus et Bithynia.

a. [χειλ(ίαρχος) σπ]είρης [λγ′ πολ(ίτων) ‘Ρωμ(αίων)] — [trib(unus) c]ohor(tis) XXXII c(ivium) R(omanorum) : in Oriente ; C. CICHORIUS, RE IV (1901) cohors, 356 ; M. LE GLAY, Ancient Society, 3 (1972) p. 215 ; cfr. E. RITTERLING, Fasti röm. Deutschl., p. 148 ; E. STEIN, Beamten, pp. 231-232 ; cfr. H.-G. PFLAUM, Carrières, p. 417 not. 1, n. 8.

b. [χειλ(ίαρχος) λ]εγιῶν[ος γ′ Γαλλικῆς] — [trib(unus)] legionis III Gallicae : Syria ? E. RITTERLING, RE XII (1925) legio, 1363-1366.

c. [ἔπαρχος ἄλη]ς Οὐετραν[ῆς Γαλατῶν] — [praefect]us alae veteranae Gallo[rum] : Syria vel Aegyptus, cfr. J. LESQUIER, Armée, p. 564 ; W. WAGNER, Dislokation, p. 42 ; II s. ?

Amastris, Pontus et Bithynia ; cfr. E. BIRLEY, Epigraphische Studien, 8 (1969) p. 81.

110*. [- - - Sev]erus

BGU III 780 = CIL XVI App. 6 = S. DARIS, Documenti, 94 (epikrisis), Faijûm, Aegyptus.

7. Ἅ δὲ παρέ/[θεντο δικαιώματα . . . . . Σεου]ήρῳ ἐπάρχῳ
σπεί- /[ρης - - - - :
Severus, praefectus cohortis ; Aegyptus ;
a. 154-156.

Origo ?

111. [- - - -] Seve[rus] [1.964]

P. Catt. I, col. 3 + BGU I 114 = L. MITTEIS, *Chrest.* 372 = S.
DARIS, *Documenti*, 3 (documenta de iure conubii militum in
militia), originis incertae ; cfr. *Archiv*, 3 (1906) p. 78 not. 4.

[- - - ἐν] σπείρῃ πρώτῃ Θηβαίων ὑπὸ Σεουῆ[ρου - - -] :
Severus, praefectus (?) cohortis primae Thebaeorum ;
Severus praefectus aut centurio ? Cfr. J. LESQUIER,
Armée, p. 546 ; ante a. 114/135 (?) ; Aegyptus, cohors
erat *a. 98* in Aegypto, Syene, cfr. CIL III 14147, 2 = ILS
8907 ; C. CICHORIUS, *RE* IV (1901) *cohors*, 334-335 ; cfr.
116. Ulpius Asclepiades in eadem papyro nominatur.

Origo ?

112. M. Tarquitius
T. f. Tro(mentina) Saturninus [2.005]

CIL XI 3801 = ILS 2692 (statuam ex ruina templi Martis
vexatam sua inpensa refecit et in publicum restituit), Veii,
Regio VII, Italia ; cfr. CIL XI 3802-4, 3805 = ILS 6579.

a. praef(ectus) cohort(is) scutatae :
   Aegyptus ; cfr. H.-G. PFLAUM, *Syria*, 44 (1967) p. 359 ;
   C. CICHORIUS, *RE* IV (1901) *cohors*, 331.
b. primus pilus leg(ionis) XXII :
   sc. legionis XXII Deiotarianae ; Aegyptus ; aet. Tiberii ;

E. Ritterling, *RE* XII (1925) *legio*, 1514 ; B. Dobson, *ANRW*, II, 1, p. 398 not. 27.

c. trib(unus) milit(um) leg(ionis) III :
sc. III Cyrenaicae ; Aegyptus ; E. Ritterling, *RE* XII (1925) *legio*, 1362.

d. trib(unus) milit(um) leg(ionis) XXII :
sc. XXII Deiotarianae ; Aegyptus ; E. Ritterling, *RE* XII (1925) *legio*, 1514.

(centum)vir :
a. 26 ; Veii, Regio VII, Italia.

Italicus, Veii, Regio VII.

113*. Tennius Vetus

Pap. Fouad I, 21 (antigraphum hypomnematismi de civitate missiciorum), originis incertae.

4. ἐν τῶι μεγάλῳ ἀτρίωι, ἐπὶ βήματος, παρόντων ἐν συνβου-
λίω[ι Ν]ωρβ[α]νοῦ Πτολεμαίου δικαιοδότου καὶ πρὸς τῷ
[ἰδίωι] λόγῳ, Ἀουιλλίου Κουαδράτου καὶ Τεννίου Οὐέτερος
[4-5 l.]υ Ἀττικοῦ, Παπειρίου Πάστορος καὶ Βαιβίου Ἰουνκεί-
νου [χιλιά]ρχων :
Avillius Quadratus, Tennius Vetus, [- - - -]us Atticus,
Papirius Pastor et Baebius Iuncinus, tribuni militum et
assessores Norbani Ptolemaei, iuridici et idiologi (4
sept. a. 63), cfr. H.-G. Pflaum, *Carrières*, pp. 44-46 ;
Tennius Vetus tribunus militum legionis III Cyrenaicae
aut XXII Deiotarianae in Aegypto.

Origo : Italicus (?) ; cfr. W. Schulze, *Lat. Eigennamen*, p. 425 ;
I. Kajanto, *Latin Cognomina*, p. 302.

114*. C. Trebius C. f. Rom(ilia) Iunianus

CIL VI 3540 (titulum sepulcralem Trebia Tertulla uxor fecit), Roma, Italia.

> praef(ectus) fabr(um) :
> B. DOBSON, *Praefectus fabrum*, p. 75 not. 52.

> *a.* praef(ectus) coh(ortis) I Pan(noniorum) :
> Aegyptus ? Cfr. C. CICHORIUS, *RE* IV (1901) *cohors*, 321-322 ; J. LESQUIER, *Armée*, p. 93 ; E. STEIN, *Beamten*, pp. 203-204 ; W. WAGNER, *Dislokation*, pp. 176-177.
> *b.* trib(unus) mil(itum) leg(ionis) III Cyrenaicae :
> Aegyptus ; E. RITTERLING, *RE* XII (1925) *legio*, 1514 ; I s.

Italicus, Roma (?).

115*. [- - -] Terentianus

MARTIAL, I, 86, 7.

PIR III p. 299 n. 44.

> Terentianus, amicus ut videtur Martialis, Syenen regebat ca. a. 85, praefectus cohortis ut videtur.

Origo : Italicus ; cfr. I. KAJANTO, *Latin Cognomina*, p. 157.

116. Ulpius Asclepiades [2.223]

P. Catt. I, 3 + BGU I 114 = L. MITTEIS, *Chrest.* 372 = S. DARIS, *Documenti*, 3 (documenta de iure conubii militum in militia), originis incertae.

A. Calabi, *Aegyptus*, 32 (1952) p. 412.

a. γενόμενος ἔπαρχος σπείρης δευτέρας 'Ι[τυρ]α[ι]ῶν :
praefectus cohortis fuit II Ituraeorum, J. Lesquier,
Armée, p. 550 ; Aegyptus, cfr. CIL III 14147, 2 = ILS
8907 ; *vel* : ἔπαρχος σπείρης δευτέρας 'Ι[σπ]α[ν]ῶν, praefectus cohortis II Hispanorum in Cappadocia(?), cfr.
P. Catt. I 3 = L.Mitteis, *Chrest.* 372 ; W. Hüttl, *Anto-*
ninus Pius I, p. 241 not. 54 ; A. Calabi, *l.l.* ; cfr. III.
[- - - -] Seve[rus] in eadem papyro nominatur.

ὁ ἱερεὺς καὶ ἀρχιδικαστής :
a. 134 ; archidicastes ; cfr. adnot. ad 1. Aelianum, filium
Euphranoris.

Aegyptus ; cfr. E. Birley, *Epigraphische Studien*, 8 (1969) p. 74.

117*. M! Valerius M!f. Quir(ina) Bassus

CIL VI 2165 = ILS 4951 a (testamento fieri iussit sibi et fratri),
Roma, Italia.

Ordo tituli :

a. trib(unus) mil(itum) leg(ionis) III Cyrenaicae :
I s. vel II s. ; Aegyptus /Arabia ; E. Ritterling, *RE* XII
(1925) *legio*, 1514.

scrib(a) q(uaestorius) VI primus, harispex maximus.

Roma ; cfr. 120*. M! Valerius M! f. Quir(ina) Saturninus, CIL
VI 2164 = ILS 4951, tribunus mil(itum) leg(ionis) III
Cyreneicae, harispex maximus, frater.

118. Valerius Frontinus [2.139]

P. Amh. II 107 = U. Wilcken, *Chrest.* 417 = S. Daris, *Docu-*
menti, 54 (duplicarius de frumento empto) ; BGU III 807 ;
P. Amh. II, 108 ; Hermopolites, Aegyptus.

ἔπαρχος τῆς ἐν Κόπτῳ εἴλης Ἡρακλειανῆς :
praefectus alae Herculianae, sc. Thracum, Coptos, Thebae,
Aegyptus ; J. LESQUIER, *Armée*, p. 549 ; C. CICHORIUS,
RE I (1894) *ala*, 1263 ;
a. 185/6.

Origo ? Cfr. I. KAJANTO, *Latin Cognomina*, p. 236.

119*. M. Valerius M. f. Quir(ina) Lollianus

CIL III 600, cfr. 14203^{35}, p. 2316^{39} = ILS 2724 add. = P. C.
SESTIERI, *Iscrizioni Latine d'Albania*, in : *Studime e Tekste,
Studi e Testi*, S. II, *Arkeologjike*, 1 (1943) 15 (viam publicam
munit, de suo fecit et inscripsit decreto decurionum), Byllis,
Macedonia.

H.-G. PFLAUM, *Legio VII Gemina*, p. 364 n. 11 ; R. SAXER,
Epigraphische Studien, 1 (1967) n. 64 p. 34 ; H. DEVIJVER,
ANRW, II, 1, p. 470.

a. praefectus cohort(is) I Apamenorum sag[ittariorum]
   equit(atae) :
   Aegyptus ; C. CICHORIUS, *RE* IV (1901) *cohors*, 241 ;
   W. HÜTTL, *Antoninus Pius*, I, p. 299 not. 379 ; L. MITTEIS,
   Chrest. 167 = BGU III 729.
b. trib(unus) milit(um) leg(ionis) VII Gem(inae) fel(icis) :
   Hispania Citerior ; H.-G. PFLAUM, *l.l.* ; E. RITTERLING,
   RE XII (1925) *legio*, 1640 ;
   ca. a. 160.
c. praef(ectus) eq(uitum) alae Fla[vi]ae :
   sc. ala II Flavia Agrippiana ; Syria ; cfr. C. CICHORIUS,
   RE I (1894) *ala*, 1229 ; E. STEIN, *Beamten*, pp. 121-122 ;
   W. WAGNER, *Dislokation*, p. 35.
d. praepositus in Mesopotamia vexillationibus equitum
   electorum alarum praetoriae, Augustae, Syriacae, Agrip-
   pianae, Herculianae, singularium, item cohortium I
   Lucensium, II Ulpiae equi[t(atae) c(ivium)] R(oma-

norum), I Fl(aviae) c(ivium) R(omanorum), I Thracum, III Ulpiae Paflagonum, II equitum (?), I Ascalonitanorum fel(icis ?), V Chalcidenorum, V Petreorum, IIII Lucensium, I Ulpiae Petreorum, II Ulpiae Paflagonum, I Ulpiae sagittariorum, III Dacorum, I Sygambrum : fortasse bello Parthico Marci Aurelii ; a. 162-165 ; cfr. R. SAXER, *l.l.*

Byllis, Macedonia.

120*. M! Valerius M!f. Quir(ina) Saturninus

CIL VI 2164 = ILS 4951 (titulus sepulcralis), Roma, Italia.

a. tribunus mil(itum) leg(ionis) III Cyreneicae :
I s. vel II s. ; Aegyptus /Arabia ; E. RITTERLING, *RE* XII (1925) *legio*, 1514.

harispex maximus.

Roma ; cfr. 117*. M! Valerius M!f. Quir(ina) Bassus, trib(unus) mil(itum) leg(ionis) III Cyrenaicae, scrib(a) q(uaestorius), VI primus, harispex maximus, CIL VI 2165 = ILS 4951 a, frater.

Incerti -121*-136*

121*. [- - -]

CIL III 13 = 6578 (Imp. Caesari M. Aurel. Antonino), Alexandrea, Aegyptus.

trib(unus) leg(ionis) II Tr(aianae) fort(is) :
Aegyptus ;
a. 176.

Origo ?

122*. [- - -]

CIL VIII 9372 et A. von Domaszewski, *Die Rangordnung*, 1967², *Epigraphischer Anhang*, p. 244 et H.-G. Pflaum, *Carrières*, 199 (titulus mutilus), Caesarea, Mauretania Caesariensis.

J. Fitz, *Auszeichnungen der Praefekten der Alae Milliariae, Klio*, 52 (1970) pp. 99-106, p. 101 ; M. G. Jarrett, *Epigraphische Studien*, 9 (1972) p. 225 n. 159 ; T. Nagy, *Les dona militaria de M. Macrinius Avitus Catonius Vindex, Homm. M. Renard, Coll. Latomus*, 102, 1969, II, pp. 536-546 ; H.-G. Pflaum, *Carrières*, 199 ; A. Stein, *Die Legaten von Moesien, Diss. Pannonicae*, 1940, p. 112.

a. [praefectus cohortis ? - - -].
b. [trib(unus) mil(itum) leg(ionis) II] Tra[ian(ae) f(ortis)] : Aegyptus, cfr. H.-G. Pflaum, *l.l.*
c. [praef(ectus) alae - - -].
donis donatus ab [Imp(eratore) Antonino Aug(usto)] Germ(anico) corona aurea [et corona - - - - ha]stis puris duabus [vexill- ? - -] bello Germanico :
praefectus alae fortasse quingenariae, cfr. E. Birley, *Corolla E. Swoboda*, pp. 54-67 et J. Fitz, *o.c.*, p. 101 n. 3 ; *aliter* H.-G. Pflaum, *l.l.* et T. Nagy, *l.l.* : praefectus alae milliariae ; ca. a. 173-175, cfr. H.-G. Pflaum, *l.l.* ; cfr. T. Nagy, *l.l.* (AE 1969/1970, 733) : *aet. Domitiani* (recte ?).

[proc(urator) Aug(usti) prov(inciae) M]oesiae Superior[is] (centenarius), [- - - - p]roc(urator) Aug(usti) [- - - - -] (ducenarius Mauretaniae Caesariensis ? Cfr. H.-G. Pflaum, *l.l.*).

Origo ? Cfr. M. G. Jarrett, *l.l.* : Caesarea ? ?

123*. [- - -] Cn. f. V[olt(inia) - - -]

E. Espérandieu, *Inscriptions latines de Gaule (Narbonnaise)*, Paris, 1929, 643 (titulus mutilus), Gallia Narbonensis.

a. [trib(unus)] mil(itum) leg(ionis) II I[talicae] :
Noricum ; E. RITTERLING, *RE* XII (1925) *legio*, 1476 ;
II s. — vel : [trib(unus)] mil(itum) leg(ionis) III [Cyre-
naicae] : Aegyptus ; I s. /II s., cfr. J. SCHWARTZ, *La
Gaule romaine et l'Égypte*, pp. 1401-1402.
b. [praef(ectus)] coh(ortis) tert]iae Lingo[num] :
Britannia ; C. CICHORIUS, *RE* IV (1901) *cohors*, 309-310.
c. — m. le — : i.e. [trib(unus)] m(ilitum) le[g(ionis) — ?],
cfr. E. ESPÉRANDIEU, adnot. ad 643.

Origo : Gallia Narbonensis ; J. SCHWARTZ, *l.l.* ; cfr. A. GRENIER,
Les tribuns de la Narbonnaise, pp. 53-62.

124*. [- - -]

CIL XIII 2877 (titulus honorarius mutilus), Alesia, Gallia
Lugdunensis.

[— tribu]n(us) le[g(ionis) II Traianae f]or[tis] (?) :
Aegyptus ; II /III s.

[—] flam[en - -] pag. ? - - [omnibus honoribus] fun[ctus —,
fla]m(en) Au[g. —] ordo [splendidissimus] civita[tis Aedu-
orum ?] et omnes [cives ? —] omnib(us) ap[ud suos ?
honoribus functus —.

Origo : Alesia, Lugdunensis ?

125*. [- - -]

P. Hamb. 31a = CIL XVI app. 3 = S. DARIS, *Documenti*, 91
(epikrisis), Faijûm (?), Aegyptus.

["Α δὲ παρέθεντο δικαιώματα τῷ . . . . ἐ]πάρχῳ εἴλης
'Απριαν[ῆς] :

praefectus alae Aprianae ; Hippônos Heptanom., Aegyptus, cfr. J. LESQUIER, *Armée*, p. 407 n. 11, p. 73 ; C. CICHORIUS, *RE* I (1894) *ala*, 1229 ;
Ca. a. 126-133.

Origo ?

126*. [- - -] = 87*. - - -]ius Nat[alis]

BGU I 113 = U. WILCKEN, *Chrest.* 458 = S. DARIS, *Documenti*, 92 (τόμος ἐπικρίσεων, Avitii Heliodori), Aegyptus.

"Α δὲ παρέθεντο δικαιώμ(ατα) [. . . . .]ιῳ νατ[. . . .
χειλίαρχ]ῳ [λ]εγει[ῶν]ος β′ Τραιανῆς Ἰσχυρᾶς :
tribunus legionis II Traianae fortis ; Aegyptus ;
a. 143.

Origo ? Cfr. U. WILCKEN, *Chrest.* 458, ad nomen : . . .]ιῳ Νατ[άλι?],
cfr. W. HÜTTL, *Antoninus Pius*, II, p. 16, VII, 1 : . . .]ius Nat[alis], trib. leg. II Trai. fort., *ca. a. 143*, BGU III 913 (ibi non est).

127*. [- - -]

BGU XI 2070, IV, 19 (epikrisis), Alexandrea, Aegyptus.

χιλια[ρχ . .] :
sc. tribunus, ca. a. 150, legionis II Traianae (?) ; cfr.
BGU XI, p. 145, Kol. IV, 19 vgl. *Chrest.* II 88 Col. V 32 ;
Aegyptus.

Origo ?

128*. [- - -]

P. Oxy. XII 1511 = R. O Fink, *Roman military Records*, 102 = CPL 140 (litterae praefecti cohortis Apamenorum, praefecti legionis II Traianae, praefecti alae ad tabularios), Oxyrhynchus, Aegyptus.

> [pr]aef(ectus) coh(ortis) Apame[norum . . .] :
> sc. cohors I Apamenorum ; cfr. C. Cichorius, *RE* IV (1901) *cohors*, 241 ; BGU 729 ;
> ante a. 247, I pars III s.

Origo ?

129*. [- - -]ecrinus

P. Oxy. XII 1511 = R. O. Fink, *Roman military Records*, 102 = CPL 140 (litterae praefecti cohortis Apamenorum, praefecti legionis II Traianae, praefecti alae ad tabularios), Oxyrhynchus, Aegyptus.

> p[rae]f(ectus) alae [— 12 l. —] :
> quae ala ? Herculiana, Apriana, Xoitana ?
> ante a. 247, I pars III s.

Origo ?

130*. [- - -]

P. Par. 69 = U. Wilcken, *Chrest.* 41, Kol. 3, 8-10 (« Das Amtstagebuch eines Strategen »), Elephantine, Aegyptus.

> [— 20 l. — τριβού]νῳ τῆς ἐν Σοήνῃ σπείρης κα[ὶ τοῖς ἑκατοντάρχαις] :

tribunus cohortis, Syene, Aegyptus ?
a. 232.

Origo ?

131*. [- - -]

P. Ross. Georg. II 35 D.

l. 14. ἀπὸ στρατείας (?) :
sc. a militiis ? Cfr. H. DEVIJVER, *Zetesis*, pp. 549-565 ;
II s.

Origo ?

132*. [- - -]

PSI VIII 962 (« Frammenti di Synchoresis »), Aegyptus ?

l. 16. [— νεοκόρῳ μεγά]λου Σαράπιδος
[- γενομένῳ ἐπάρχῳ σ]πείρης τρί-
[της — ἱ]ερεῖ [καὶ] ἀρχιδικα-
[στῇ καὶ πρὸς τῇ ἐπιμελεί]ᾳ τῶν χρηματιστῶν
l. 20. [καὶ τῶν ἄλλων κριτηρί]ων
necorus, cfr. adnot. ad 1. Aelianum, filium Euphranoris ;
praefectus cohortis III [- - - ?] ; archidicastes, cfr. A.
CALABI, *Aegyptus*, 32 (1952) pp. 406-434 ;
a. 130 /132.

Origo : Aegyptus.

133*. [- - -]

PSI IX 1062 (« scheda di censimento »), Ptolemaïs Euergetis,
Aegyptus.

[τῶι δεῖνα] τῶν κεχιλ[ια]ρχηκότων :
i.e. a militiis, cfr. H. DEVIJVER, *Zetesis*, pp. 549-565 ; cfr.
adnot. ad 34. Tib. Claudium Apollinarem et 45. M. Claudium Serenum.

στρατηγῶι ['Αρσινοείτου 'Ηρακλείδ]ου μέριδος καὶ - - - - :
strategos, a. 104/5 ?

Origo : Aegyptus ?

134*. [- - -]

P. Tebt. II 419 (litterae Hieronis), Aegyptus.

τριβοῦνος :
i.e. χιλίαρχος ? ; cfr. J. LESQUIER, *Armée*, p. 134 ; Aegyptus;
vel cognomen *Τριβοῦνος* ?
III s.

Origo ?

135*. [- - -]

O. Tait II 1832 (« Account of Wine »).

ὁ ἔπαρχος :
fortasse praefectus cohortis ;
II s. /III s.

Origo ?

136*. [- - -]

BGU I 231, Faijûm, Aegyptus.

l. 4. [τῶν ἐν τ]ῷ Μουσείῳ σειτομένων ἀτελῶν γεν[ομενῳ ἐπάρχῳ]

l. 5. [ἱερεῖ ἀρχιδικαστῇ καὶ πρὸς τῇ ἐπιμελείᾳ] τῶν χρηματιστῶν καὶ τῶν ἄλλων κρι[τηρίων] :
praefectus cohortis et archidicastes ; aet. Hadriani ; cfr. A. CALABI, *Aegyptus*, 32 (1952) p. 413 : a. 137/138 ; cfr. adnot. ad. 1. Aelianum, filium Euphranoris.

Origo : Aegyptus (?).

Dum plagulae corriguntur, in commentariis *TAΛANTA*, vol. V (1973) pp. 72-84 : P.J. SIJPESTEIJN, *Letters on Ostraca*, hos addendos invenimus :

137*. [- - -] nius

P.J. SIJPESTEIJN, *o.c.*, p. 79 n. 9 (ostracon), Esna (Latopolis Magna), Aegyptus.

l. 1. - - -] υιος χ(ιλίαρχος) ᾿Ιουλίῳ Εὐπολέμῳ : cfr. P.J. SIJPE-STEIJN, *l.l.*, *adnot.* : l. 1. χιλίαρχος = tribunus militum (a horizontal stroke above the χ does not seem to be the continuation of the preceding sigma but a mark of abbreviation). Medio II s., cfr. P.J. SIJPESTEIJN, *o.c.*, p. 72.

Origo ?

138*. [- - -]

P.J. SIJPESTEIJN, *o.c.*, p. 80 n. 10 (ostracon), Esna (Latopolis Magna), Aegyptus.

l. 1. - - - ἐ]πειδὴ ἔγραψεν ὁ ἔπαρχος ἡμῶν
l. 2. - - - τ]ὸ δίπλωμα. ᾿Εξαυτῆς — etc. :
praefectus alicuius cohortis vel alae ? Medio II s., cfr. P.J. SIJPESTEIJN, *o.c.*, p. 72. Alter praefectus, sed fortasse castrorum, nominatur, p. 82 n. 13 : l. 1. Domitio Respecto praef(ecto) suo / Severus (centurio) salutem.

Origo ?

INDICES

COGNOMINA

Aebutianus : 40.
Aelianus : 31*, cfr. 1.
Afer : 90.
Africanus : 33.
Alexander : 14, 57, 58.
Apellinus : 43.
Apollinaris : 34.
Arruntianus : 17*.
Asclepiades : 70, 116.
Atticus : 18*.

Balbus : 12.
Bassus : 117*.
Berenicianus : 35.

Capito : 58.
Celer : 26.
Celsianus : 50.
Celsus : 59.
Cerialis : 78.
Chionis : 36*.
Clem[ens] : 13.
Commodianus : 37.
Corellius : 14.
[Critolaus] : 82*.

Demetrius : 61.
Domitius : 62.

Elan [- - -] : 63.

Fabricianus : 53.
Faustus : 54, 93.
Festus : 27.

Frontinus : 118.
Fuscus : 101.

Gallus : 79.
Geminus : 30*.

Heras : 38.
Hermolaus : 5.
Honoratus : 102.

Idaeus ? : 72*.
Iulianus : 75.
Iuncinus : 21*, 22.
Iuncus : 2.
Iunianus : 83, 114*.
Iustus : 39, 106*.
Iuvenalis : 73*.

Karus : 60, 77.

Leonidas, qui et : 70.
Liberalis : 40.
Lollianus : 119*.
Lucanus : 56.
Lucretianus : 49.
Lucullinus : 20.
Lupianus : 41.

Macer : 32.
Marcellus : 86.
Marianus : 25.
(Mathematicus) : 15.
Maximus : 103*.
Merula : 94.

Mithridaticus : 64.
Modestus : 88.
Montanus : 52*.
Musa : 10.

Narbonensis : 96.
Naso : 7.
Natta : 91.

Oculatius : 9.

Pastor : 89*.
Patrocles : 97*.
Paulus : 3.
Petronianus : 104*.
Philoxenus : 42.
Polemaeanus : 59.
Priscus : 11.
Proculus : 65, 66, 98.
Propinquianus : 43.
Pudentillus : 6.

Quadratus : 16*, 67.
Quartinus : 44.

Rufinus : 100*.
Rufus : 74, 76.

Sabinus : 24*, 48, 80.
Sallu[stianus ?] : 19*.
Saturninus : 51, 112, 120*.
Secundus : 108.
Senecio : 68*.
Senior : 86.
Sentianus : 106*.
Serenus : 45, 107.
Sertius (signo) : 93.
Severus : 81, 109, 110*, 111.
Silvanus : 69.

Terentianus : 115*.
Theocles : 82*.
Theon : 46.
Tuscus : 52*bis.

Varus : 47.
Verus : 55.
Vestinianus : 70.
Vetus : 113*.

FILII

filius Balbiniani procuratoris Augusti : 23*.
filius Tib. Claudii Neronis : 34.
filius Claudii Philostrati : 36*.
filius [Cri]tolai : 82*.
filius Euphranoris exegetis : 1.
filius Q. Longei Festi : 77.
filius Munatiani archidicastae : 85.

TRIBUS

Aniensis : 12, 52* bis.
Clustumina : 55.
Cornelia : 58, 59, 63.
F[—] : 19*.
Fabia : 7, 48, 106*.
Faleria : 26.

Falerna : 51.
Galeria : 22, 91, 96.
    Quirina vel Galeria : 3.
Maecia : 11.
Palatina : 44, 48.
Quirina : 34, 38, 40, 69, 77, 117*, 119*, 120*.
    Galeria vel Quirina : 3.
Romilia : 114*.
Sergia : 66.
Stellatina : 76.
Teretina : 79.
Tromentina : 112.
Voltinia : 52*, 60, 90, 123*.

AUXILIA

a. *Alae :*

II *Agrippiana* miniata : 104*.
Apriana : 56, 125*.
Augusta : 58, 83.
Astyrum : 22.
Flavia, sc. ala II Flavia Agrippiana : 119*.
I Flavia *Gallorum* Tauriana : 93.
Gallorum veterana : 2, 29, 48, 72*, 109.
Indiana p(ia) f(idelis) : 55.
(VII) *Phrygum :* 86.
Praetoria : 52*bis.
I Augusta *Thracum :* 11.
Thracum Herculana : 96, 118.
Vocontiorum : 107.

b. *Cohortes :*

I Ulpia *Afrorum* equitata : 97*.
I *Apamenorum* sagittariorum equitata : 86, 119*, 128*.
Apula : 52* bis.
II *Astyrum* equitata : 60.
II *Breucorum :* 100*.
I Flavia *Canathenorum :* 93.
I Flavia *Cilicum :* 23*, 25 ; cfr. 57, I Flavia.
II *Commagenorum* equitata : 1.
I *Damascenorum :* 42, 45.
I *Delmatarum :* 73*.
I *Flavia :* 57 (coh. I Flavia Cilicum eq. — coh. I Flavia c.R. eq. ?).

V *Gemella* civium Romanorum : 2.

I *Hispanorum* : 11.

I *Hispanorum* equitata : 33, 39, 101.

I *Hispanorum* veterana : 17*.

II *Hispanorum* pia fidelis : 97*.

II *Hispanorum* -vel- II Ituraeorum — (’Ι[τυρ]α[ι]ῶν-‘Ι[σπ]α[ν]ῶν) : 116.

I *Italica* civium Romanorum voluntariorum : 86.

I *Ituraeorum* : 38.

II *Ituraeorum* equitata : 35, 39, 51, 54, 95 ; cfr. II Hispanorum : 116.

III *Ituraeorum* : 15, 50, 88, 93.

VII *Ityraeorum* : 49.

II *Lingonum* equitata : 55.

III *Lingonum* : 123*.

I *Lusitanorum* : 11.

I Augusta praetoria *Lusitanorum* equitata : 6, 69, 78, 100*.

II *Lusitanorum* equitata : 24*.

I *Montanorum* : 11, 48.

I *Pannoniorum* : 2, 114*.

II *Pannoniorum* : 88.

[— *R*]*aetor(um)* eq(uitata) : 95.

IIII *Raetorum* : 22.

Scutata civium Romanorum : 77, 112.

I *Thebaeorum* : 111.

II *Thebaeorum* : 10.

I *Thracum* : 32, 70, 108.

III *Thracum* : 70.

I [*tironum ?*] : 3.

I Fida *Vardullorum* : 100*.

[VIII ?] *Volu*[*ntarior(um) ?*] : 104*.

XXXIII *civium Romanorum* : 109.

III [- - -] : 132*.

LEGIONES

I *Adiutrix* : 11.

II *Augusta* : 48.

III *Cyrenaica* : 3, 26, 38, 40, 44, 52*, 52*bis, 58, 59, 60, 66, 92*, 95, 114*, 117*, 120*.

    legio III, sc. *Cyrenaica* : 74, 91, 112.

    II *Italica* -vel- III *Cyrenaica* : 123*.

    III *Cyrenaica* -vel- XXII *Deiotariana* : 16*, 17*, 21*, 36*, 41, 89*, 98, 113*.

XXII *Deiotariana* : 19*, 22, 64.

    legio XXII, sc. *Deiotariana* : 12, 76, 90, 96, 107, 108, 112 ; 8(?).

XXII Cyrenaica, sc. *Deiotariana* : 79.
    XXII Deiotariana -vel- *III Cyrenaica* : 16*, 17*, 21*, 36*, 41,
       89*, 98, 113*.
X *Fretensis* : 2.
XII *Fulminata* : 38.
III *Gallica* : 109.
VII *Gemina felix* : 119*.
I *Italica* : 7.
II *Italica* -vel- III *Cyrenaica* : 123*.
IIII *Scythica* : 88.
II *Traiana* fortis : 5, 37, 43, 47, 55, 61(?), 62, 67, 68*, 80, 102, 103*,
      104*, 106*, 121*, 122*, 124*, 126*.
VI *Victrix* : 82*.
legio VII : 8.
legio XXII, sc. *Deiotariana ?* : 8.

GRADUS

a militiis, a militiis III : 93.
praefectus alae : 2, 11, 22, 29, 48, 56, 86, 93, 96, 104*, 109, 122*, 129*.
    praefectus equitum alae : 52*bis, 55, 58, 119*.
    praefectus equitum : 8, 63, 79.
praefectus castrorum : 8, cfr. 28*, 138*.
praefectus cohortis : 2, 3, 6, 9, 10, 11, 17*, 22, 24*, 28*, 33, 35, 48, 49,
      50, 51, 52*bis, 55, 60, 69, 73*, 77, 86, 88, 93, 94, 95, 100*,
      101, 104*, 112, 114*, 115*, 119*, 122*(?), 123*, 128*.
    praefectus cohortis iterum : 88, 95, 100*.
    praefectus cohortis ter : 11.
praefectus fabrum : 11, 22, 26, 40, 52*bis, 76, 86, 106*, 114*.
    praefectus fabrum bis : 95.
    praefectus fabrum ter : 90.
    praefectus fabrum Romae : 88.
praefectus montis Berenicidis : 29, 91.
praefectus orae maritimae : 96.
praepositus : 60, 119*.
tribunus dilectus ingenuorum : 52*bis.
tribunus militum :
    cohortis : 2, 86, 93, 100*, 109.
    legionis : 2, 3, 7, 8, 11, 12, 19*, 22, 26, 40, 44, 48, 52*, 52*bis,
      55, 58, 59, 60, 62, 64, 66, 76, 79, 88, 90, 91, 92*, 95, 96,
      104*, 106*, 109, 112, 114*, 117*, 119*, 120*, 121*, 122*,
      123*, 124*.
    praetorianorum : 31*.
tribunus militum legionis iterum : 8, 112, 123*(?).

ἀπὸ στρατείας : 131*.
    ἱππικός ἀπὸ στρατιῶν : 14.
ἔπαρχος [-] : 13, 75, 135*, 138*.
ἔπαρχος Βερηνίκης : 74.
ἔπαρχος εἴλης : 27, 53, 72*, 83, 107, 109, 118, 125*.
ἔπαρχος ἐν Ῥώμῃ : 36* (praefectus fabrum Romae).
ἔπαρχος ΗΘ[- - -] : 108.
ἔπαρχος σπείρης : 6, 20, 25, 32, 38, 54, 65, 78, 81, 97*, 107, 109, 110*,
    111(?).
    γενόμενος ἔπαρχὸς σπείρης : 1, 23*, 42, 45, 57, 70, 116, 132*, 136*.
    ἔπαρχος σπείρης (iterum) : 70, 97*.
ἔπαρχος χωρ. i.e. χόρτου : 15.
χειλίαρχος, sc. legionis : 16*, 18*, 21*, 36*, 61(?), 67, 89*, 98, 102,
    103*, 113*, 127*. Cfr. 137*.
χειλίαρχος λεγιῶνος : 5, 37, 38, 41, 43, 47, 66, 68*, 74, 80, 82*, 107,
    108, 109, 126*.
    δίς χειλίαρχος λεγεώνων δύο : 38.
χειλίαρχος σπείρης : 109.
τριβοῦνος : 46, 130*, 134*.
τῶν κεχειλιαρχηκότων, i.e. a militiis : 34, 45, 133*.
    κεχ[ε]ιλιαρχηκότι : 85.

NOTABILIA

adlecti in amplissimum ordinem : 44, 59.
aetas : 100*.
dona militaria : 2, 11, 38, 52*bis, 60, 76, 122*.
equo publico : 40, 55.
equo publico adlectus : 77.
eques Romanus : 93.
provinciae, ubi militiis functi sunt, in titulis memoratae : 12, 36*,
    41, 97*, 108, 118, 119*, 130*.
tempus militiae : 12, 52*bis.

ORIGO

Achaia : Delphus et Ṇ[icopolitanus], cfr. Aegyptus : 82*.
Aegyptus : 5, 34, 42, 45, 46(?), 57, 70(?), 85(?), 116, 132*(?), 136*(?).
    Alexandrea : 1, 23*, 107.
    Hermopolis : 14.
    Delphus (cfr. Achaia) et Ṇ[icopolitanus] : 82*.
Africa : Carthago : 77.
Asia: Alexandria Troas : 52*bis.

Asia : Ephesus : 58, 59.
    Miletus : 36*.
    Pergamum : 12, 41.
Bithynia et Pontus :
    Amastris : 109.
    Nicaea : 97*.
Dalmatia : Flanona : 9.
    Salona : 24*.
Galatia : Pessinus : 38.
Gallia Lugdunensis :
    Alesia : 124* ?
Gallia Narbonensis : 123*.
    ex provincia Narbonensi : 60.
    Baeterrae : 8.
    Vienna : 90.
Hispania Tarraconensis :
    Attacum, ex conventu Carthaginiensi : 3.
    Tarraco : 96.
Italia : 10(?), 16*(?), 25(?), 31*, 40(?), 51, 74(?), 80(?), 89(?), 94(?),
      100(?), 101(?), 103*(?), 113*, 115*.
    Abellinum, Regio I : 91.
    Aquinum, Regio I : 73*.
    Asculum, Regio V : 48.
    Beneventum, Regio II : 76, 88.
    Falerii, Regio VII : 95(?).
    Forum Sempronii, Regio VI : 55.
    Libarna, Regio IX : 11.
    Ostia : 86.
    Puteoli, Regio I : 26, 44.
    Roma : 114*(?), 117*, 120*.
    Veii, Regio VII : 112.
    Venafrum, Regio I : 79.
Lycia et Pamphylia :
    Perga : 43.
Macedonia : Byllis : 119*.
Mauretania : Caesarea : 122* ?
Numidia : Thamugadi : 93.
    domo Thubursica : 69.
Occidentales : 6, 20(?), 25, 32(?), 78(?), 80, 81(?).
Orientales : 61(?), 63(?), 64(?), 72*, 108.
Pisidia : Antiochia : 66.
Sicilia: Messana : 21*, 22.
Syria : Heliopolis : 7, 106.
    Tripolis : 2.

APPENDIX :

SUMMOVENDI

1. Antonius

R. CAVENAILE, 146. Ἀντώνιος, officier : *P. Princ.* II, 57, 10 (prov. ? II s.).
Veri simile est Antonium nulla militia equestri functum esse.

2. Claudius Montanus

R. CAVENAILE, 628. Claudius Montanus, préfet, coh. II Thracum : *CIL*
XVI 33 (Judée, 13 mai 86 A.D.).

CIL XVI 33 (diploma militare), Iudaea.
coh(ortis) II Thracum, cui praeest Claudius Montanus :
sc. praefectus cohortis, *a. 86*, in Iudaea ; J. LESQUIER, *Armée*,
pp. 95-96 ; H.-G. PFLAUM, *Syria*, 44 (1967) p. 353.

Origo ? Cfr. I. KAJANTO, *Latin Cognomina*, p. 309.

3. Facundus

R. CAVENAILE, 836. Φάκονδος, préfet de cohorte : *SB* 7959, 1 (Pselkis,
après 19 août 14/15 A.D.) ; CAGNAT-JOUGUET I 1336, 1 (Pselkis,
27/28 A.D.).

Facundus veri simile cohorti legionis praeerat, cfr. J. LESQUIER, *Armée*,
p. 530 : comm^t une coh. lég.
Τρύφων Τρύφωνος στρατιώιτης (sic) σπείρης Φακόνδ[ου ἑκατονταρχίας---]ου
ἦλθον καὶ προσεκύνησα — etc. (CIG III 5104 = IGR I 1366 et SB V 7959).

4. Facundus

R. CAVENAILE, 837. Φακοῦνδος, préfet de cohorte : *SB* 8622, 5 (Wâdi
Fawâkhir).

Facundus veri simile cohorti legionis praeerat, cfr. J. LESQUIER, *Armée*,
p. 530 : comm^t une coh. lég.
Τὸ προσκύνημα Γαβινίου Θαίμου στρατιώτου καὶ τῶν αὐτοῦ πάντο(ν) (sic)
σπείρης Φακούνδου, κεντυρ⟨ί⟩ας Καπ⟨ί⟩τωνος (CIG III 4716 d[44] = IGR I
1249 = SB V 8622) ; cfr. N. CRINITI, *Aegyptus*, 53 (1973) p. 117 n. 837
(I/II sec.).

5. Marcus Florus

R. CAVENAILE, 893. Μαρκος Φρῶρος, préfet de cohorte : CAGNAT-JOUGUET
I 1250, 5 (Wâdi Fawâkhir).

Marcus Florus veri simile cohorti legionis praeerat, cfr. J. Lesquier, *Armée*, p. 531 : comm^t une coh. lég.

Λούκειος Καικείλιος Σωκράτης σπίρης Μάρκου Φρώρου (Φλώρου : traditur) *κεντυρείας Μομμίου* (CIG III 4716 d^{44} = IGR I 1250 = SB I 4401). Cfr. N. Criniti, *Aegyptus*, 53 (1973) p. 118 n. 893.

6. Florus

R. Cavenaile, 891. *Φλῶρος*, préfet dc cohorte : *SB* 10, 173, a, 20 (Wâdi Semna, 11 A.D.).

Florus veri simile cohorti legionis III Cyrenaicae praeerat, cfr. J. Lesquier, *Armée*, p. 531 : comm^t une coh. lég.

Τὸ προσκύνημα Θολεμαίου κουράτορος σπίρης Φλώρου κεντυρίας Βάσσου ὁ καὶ ἐπιστ⟨ατ⟩ήσας (*Archiv* V, pp. 422-423 = AE 1910, 207 = SB VIII 10173 = SEG XX 670, Wâdi Semna, Aegyptus) ; cfr. 74. P. Iuventius Rufus, eodem tempore ibi procurator metallorum. Cfr. N. Criniti, *Aegyptus*, 53 (1973) p. 118 n. 891.

7. Hilariôn

R. Cavenaile, 1.022. *Ἰλαρείων*, préfet : *Dc. Es. Rom. Eg.* 62, 2 (Socnopéonèse, III s.).

Φλάυιος Σιλβιανὸς σημηαφόρος ὑπὸ Ἰλαρείων(ος) ἡγεμόνος πρεσβυτέροις κώμης Σεκνοπέον χαίρεν.

Hilariôn certe nulla militia equestri perfunctus est ; cfr. S. Daris, *Documenti*, 62, adnot. Cfr. N. Criniti, *Aegyptus*, 53 (1973) p. 122 n. 1022 : Fu prefetto d'Egitto della seconda metà del III sec. secondo Stein, p. 160 ss., e *PIR²*, IV, p. 90, n⁰ 178 : *contra* Daris, p. 143 et O. W. Reinmuth, *Prefects*, p. 127.

8. Iulius Iulianus

R. Cavenaile, 1187. *Ἰούλιος Ἰουλιανός*, préfet, ala Herculiana milliaria : *IGGRR* III 1536 = 1037, 1 (Palmyre, 167/8 A.D.). Cfr. *PIR²* IV, p. 224, n⁰ 364. Semble être le même personnage que L. Iulius Vehilius Gratus Iulianus : *PIR²* IV, p. 286 n⁰ 615.
Cfr. R. Cavenaile, p. 268.

L. Iulius Vehilius Gratus Iulianus nulla militia equestri in Aegypto perfunctus est, cfr. E. Birley, *Corolla E. Swoboda*, pp. 54-67 ; E. Birley, *Roman Britain*, p. 148 ; J. Lesquier, *Armée*, pp. 78-79 ; H.-G. Pflaum, *Carrières*, 180 ; *PIR* IV² p. 224 n. 364 ; R. Saxer, *Epigraphische Studien*, 1 (1967) n. 67, pp. 35-37 ; cfr. N. Criniti, *Aegyptus*, 53 (1973) p. 126 n. 1187 : . . . Cfr. « Not. Sc. », 1887, p. 537.

9. C. Iulius Papius

R. CAVENAILE, 1226. Γάιος Ἰούλιος Πάπειος, préfet : SB 8427, 1 (Philae, 25 févr. 25 avant J.-C.).

Γάιος Ἰούλιος Πάπειος ἔπαρχος : sc. praefectus legionis (a. 25 a. Chr.), CIG III 4931/2 = SB V 8427.

10. Iunius Sabinus

R. CAVENAILE, 1.301. Ἰούνιος Σαβῖνος, tribun. mil., coh. II Itur. (?) : SB 8671, 1 (Philae, I s.).

Iunius Sabinus non erat tribunus cohortis II Ituraeorum, cui praeerant praefecti (cfr. CIL III 14147, 2 = ILS 8907 ; CIL XI 3101 ; CIL III 14147, 1 = ILS 8899 ; C. CICHORIUS, RE IV (1901) cohors, 305-306), sed fortasse centurio.

Cfr. A. et E. BERNAND, Inscriptions Grecques de Philae, II (1969) 159 (et adnot. pp. 140-142) ad CIG III 4935b, add. p. 1230 = IGR I 1299 = Archiv, 9 (1928) pp. 10-14 = SEG VIII 785 = Archiv, 15 (1953) pp. 97-103, cfr. J. et L. ROBERT, Bulletin épigraphique, RÉG, 68 (1955) n. 275 (AE 1956, 189) et P. M. FRASER, JEA (1955) p. 134 n. 14 ; SB V 8671.

Iunius Sabinus non idem ac centurio Felix (SB I 4601), centurio Sabinus (SB I 4616 ; R. CAVENAILE, 1.838).

11. M. Maenius C. f. Cor(nelia) Agrippa L. Tusidius Campester

R. CAVENAILE, 1.445. M. Maenius C.f. Cor(nelia) Agrippa L. Tusidius Campester, tribun milit., coh. I Hisp. equ. : Doc. Traj. n° 265, 1 = ILS 2735 (Camerinum, Trajan). Cfr. PFLAUM, Procurateurs, n° 120. S'agit-il bien de la coh. I Hisp. attestée en Égypte.

CIL XI 5632 = ILS 2735 (decreto decurionum) Camerinum, Regio VI, Italia ; RIB 823 = CIL VII 379, RIB 824 = CIL VII 380, RIB 825 = CIL VII 381, RIB 826 = CIL VII 382 (dedicationes Iovi Optimo Maximo) Alauna, Maryport, Britannia.

E. BIRLEY, Corolla E. Swoboda, pp. 54-67 ; E. BIRLEY, Roman Britain, p. 28 ; M. G. JARRETT, The Garrison of Maryport and the Roman Army in Britain, in : Britain and Rome, Essays presented to E. Birley, Kendal, 1965, pp. 27-40 ; M. G. JARRETT, Transactions Cumberland Westmoreland, 65, N.S. (1965) pp. 124-126, n. 6 ; H.-G. PFLAUM, Carrières, 120 ; PIR II p. 321 n. 53.

equo publico.
hospes divi Hadriani, pater senatoris.

a. praef(ectus) coh(ortis) II Fl(aviae) Britton(um) equitat(ae) :
Moesia Inferior ; CIL XVI 45 ; W. Wagner, *Dislokation*, p. 111.

b. electus a divo Hadriano et missus in expeditionem Brittannicam,
trib(unus) coh(ortis) I Hispanor(um) equitat(ae) :
Alauna, Britannia ; *ca. a. 130-135*(?), cfr. H.-G. Pflaum, *l.l.*

c. praef(ectus) alae I Gallor(um) et Pannonior(um) catafractatae :
Moesia Inferior ; CIL XVI 78 ; W. Wagner, *Dislokation*, p. 39.

proc(urator) Aug(usti) praef(ectus) classis Brittannicae (centenarius), proc(urator) provinciae Brittanniae (ducenarius).

patronus municipi vicani Censorglaccnses consecuti ab indulgentia
optimi maximique Imp(eratoris) Antonini Aug(usti) Pii beneficio
interpretationis eius privilegia quibus in perpetuum aucti confir-
matique sunt.

Camerinum, Regio VI, Italia ; fortasse parentela cum eo coniunctus
M. Ulpius Puteolanus L. Tusidius Campester (CIL VI 3544) ;
filius M. Maenii Agrippae, fortasse senator, ca. a. 161-162 (AE
1945, 37 = Inscr. Ital. XIII, 1, 5, XXXVII, 9, p. 211).

12. M. Milonius Verus Iunianus

R. Cavenaile, 1.546. M. Milonius Verus Iunianus, préfet, ala Gallorum :
CIL XVI 3 (Sarsânlar, prov. orient., 18 juin 54 A.D.).

CIL XVI 3 = AE 1930, 72 (diploma militare), Sarsânlar, Moesia Inferior.

alae Gallorum et Thraecum Antiana(e), cui praeest M. Milonius
Verus Iunianus :
sc. praefectus alae Gallorum et Thraecum Antianae, *a. 54*, in
Oriente ? fortasse in Syria ; cfr. B. Gerov, *Klio, Beiträge zur alten
Geschichte*, 37 (1959) pp. 212-213 ; W. Wagner, *Dislokation*, pp. 40-
41 ; E. Stein, *Beamten*, p. 122 ; eadem ala in Syria Palaestina,
CIL XVI 87.

Origo : Italicus(?), certe Occidentalis ; cfr. W. Schulze, *Lat. Eigennamen*,
p. 306, 313, 361 ; I. Kajanto, *Latin Cognomina*, p. 148, 253.

13. [- - -] Maximus

R. Cavenaile, 1.511. Μάξιμος, préfet : SB 8272, 3 (Canopos, I s.). Baillet,
Syringes, I, 1356 (Thèbes).

Maximus idem ac M. Magius Maximus, praefectus Aegypti iterum, SB V
8272 = E. Breccia, *Le Musée gréco-romain 1925-1931*, 1932, p. 19 = AE

1934, 288 ; J. Baillet, *IGL*, 1356 ; O. W. Reinmuth, *Prefects of Egypt*, pp. 77-78 : After 3 A.D., and before 10/11 (First Term ?), Earliest Date 10/11 — Latest Date 11/12 (Second Term ?).

14. Niger

R. Cavenaile, 1.588. *Νίγρος*, préfet d'une cohorte : *O. Tait*. II 245, 2 (Apollinis Hydreuma, 15-36 A.D.) ; *SB* 8580, 2 (Wâdi Hamamât, 2 oct. 18 A.D.).

Niger veri simile praeerat cohorti legionis ; cfr. J. Lesquier, *Armée*, p. 541 : comm^t une coh. lég.

Τὸ προσκύνημα Μαμμόγαις Βαταίου, στρατιώτηι σπίρης Νίγρου (IGR I 1236 = SB V 8580), a. 18 ; cfr. *O. Tait* I 245 : *στρατιώ(της) σπείρη(ς) Νίγρου Καμερησιανῆς Φιλοστράτωι Πανῆτος* (a. 15-36).

15. Q. Plotius Maximus Collin(a) Trebellius Pelidianus

R. Cavenaile, 1.723. Q. Plotius Maximus Collin[a] Trebellius Pelidianus, tribun. milit., leg. II Traiana fortis : *CIL* IX 8385, 1 (Auximum). Cfr. *PIR* III p. 54, n° 88.

CIL IX 5835 = ILS 1415 (collegium fabrum Auximatium posuit), CIL IX 5836 (collegium centonariorum posuit), Auximum, Regio V, Italia.

H.-G. Pflaum, *Carrières*, 152 ; *PIR* III p. 54 n. 388.

eq(uo) pub(lico).

a. trib(unus) leg(ionis) II Traian(ae) fort(is) :
   Moesia Inferior ; *ca. a. 107/113* ; cfr. H.-G. Pflaum, *l.l.* ; E. Ritterling, *RE* XII (1925) *legio*, 1491, 1612.
b. trib(unus) coh(ortis) XXXII volunt(ariorum) :
   sc. civium Romanorum ; Germania Superior ; M. Le Glay, *Ancient Society*, 3 (1972) p. 215 ; E. Ritterling, *Fasti röm. Deutschl.*, p. 145 ; E. Stein, *Beamten*, pp. 231-232.
c. trib(unus) leg(ionis) VI Victric(is) :
   Germania Inferior ; E. Ritterling, *RE* XII (1925) *legio*, 1612 ; E. Ritterling, *Fasti röm. Deutschl.*, p. 145.

proc(urator) Aug(usti) pro magist(ro) XX hered(itatium) (ineunte aet. Hadriani), praef(ectus) vehiculor(um) (centenarius).

q(uin)q(uennalis) (fortasse ante militias ?), patr(onus) col(oniae), pont(ifex).

Auximum, Regio V, Italia.

16. C. Popilius C. f. Quir(ina) Carus Pedo

R. CAVENAILE, 1.754. C. Popilius C.f. Quir(ina) Carus Pedo, tribun laticlave, leg. III Cyr. : *Doc. Traj.* 234, 1 = *ILS* 1071 (Tibur, 150 A.D.).
Cfr. *PIR* III, p. 85, n⁰ 623.

CIL XIV 3610 = Inscr. Ital. I, 1, 127 add. = ILS 1071 (titulus honorarius), Tibur, Italia.

P. LAMBRECHTS, *La composition du Sénat*, p. 89 n. 465 ; cfr. G. BARBIERI, *Albo Senatorio*, n. 431, n. 828, p. 498, p. 572 n. 1 ; *PIR* III p. 85 n. 623.

X vir stlitibus iudicandis.

trib(unus) laticlavius leg(ionis) III Cyreneicae donatus donis militaribus a divo Hadriano ob Iudaicam expeditionem :
a. 132-135 ; E. RITTERLING, *RE* XII (1925) *legio,* 1514.

in omnibus honoribus candidatus Imperator(is), q(uaestor) divi Hadriani Aug(usti) — etc. — cons. suff. *a. 148.*

Italicus ; de posteris, cfr. G. BARBIERI, *l.l.*

17. Rassadius Nearii f.

R. CAVENAILE, 1.813. ʽΡασσάδιος Νεαρίου, ex-tribun ? : BAILLET, *Syringes,* I, 769 (Thèbes).

ʽΡασσαδιω Νεαρί/ου εσττιβονου/- - - -/- - - - : cfr. J. BAILLET, *IGL,* 769 adnot. : Le même nom qu'au n⁰ 765 et la même écriture. Le nom du père ne surprend pas moins : faudrait-il le corriger en Νεάρχου ? ou y voir un dérivé de νεαρος ? Le mot suivant transcrirait-il : *ex-tribuni* ? Le reste se défend contre toute interprétation.

18. C. Sappius C. filius Vol(tinia) Flavus

R. CAVENAILE, 1.859. C. Sappius C.f. Volt(inia) Flavus, préfet, ala Thrac. Herculanea : *CIL* XII 1357, 2 (Narbonnaise).

CIL XII 1357 = ILS 2709 (testamento reliquit et legavit Vasiensibus Vocontiis), Vasio, Gallia Narbonensis ; cfr. N. CRINITI, *Aegyptus,* 53 (1973) p. 142 n. 1859.

praef(ectus) Iuliensium.

a. tribun(us) militum leg(ionis) XXI Rapacis :
Germania ; E. RITTERLING, *RE* XII (1925) *legio,* 1790 ; E. RITTERLING, *Fasti röm. Deutschl.,* p. 148 ; *I s. ante a. 92.*

b. praef(ectus) alae Thracum Herculaniae :
Syria ; C. CICHORIUS, *RE* I (1894) *ala*, 1263 ; J. LESQUIER, *Armée*,
pp. 78-79 ; J. SCHWARTZ, *La Gaule romaine et l'Égypte*, p. 1401
not. 8.

c. praef(ectus) ripae fluminis Euphratis :
Cfr. W. HÜTTL, *Antoninus Pius*, I, p. 245 not. 68.

Vasio Vocontiorum, Gallia Narbonensis ; cfr. A. GRENIER, *Les tribuns de
la Narbonnaise*, pp. 53-62 ; J. SCHWARTZ, *l.l.*

18bis. Severus Iustus

R. CAVENAILE, 1.968. Σεουῆρος Ἰοῦστος, tribun. milit. : *BGU* I, 4, 1
(Fayoum, III s.).

BGU I 4 (Ἰούστῳ παρὰ Αὐρηλίου Ἀβοῦτος οὐετρανοῦ) Faijûm, Aegyptus :
Σεουήρῳ Ἰούστῳ χ(ιλιά)ρ(χῃ) — cfr. BGU I, p. 353 : $\frac{\chi}{\rho}$ = ἑκατοντάρχῃ
f. χιλιάρχῃ. Berichtigungsliste I ad BGU I 4,1 : Ἰούστῳ (ἑκατοντάρχῃ) /
παρὰ κτλ. Severus Iustus erat centurio ; *II s.*

19. M. Ulpius Antiochianus Pulcher, domo Hemesa

R. CAVENAILE, 2.222. M. Ulpius Antiochianus Pulcher, trib. mil., leg. VII
Gemina Felix, leg. III Augusta : BAILLET, *Syringes*, I, 1448
(Thèbes, 168 A.D.).

CIL III 67 = J. BAILLET, *IGL*, 1448 = ILS 8760 (privatus inspexit
Thebas), Thebae, Aegyptus.

a. tribunus mil(itum) leg(ionis) VII Gem(inae) fel(icis) :
Hispania ; *ca. a. 160* ; H.-G. PFLAUM, *Legio VII Gemina*, p. 365
n. 12 ; E. RITTERLING, *RE* XII (1925) *legio*, 1365.

b. et III Aug(ustae) :
Lambaesis, Numidia ; *ca. a. 165*.
M. Ulpius nulla equestri militia in Aegypto functus est ; cfr. J.
BAILLET, *IGL*, 1448, adnot. : C'était donc à titre personnel et
comme touriste, ou comme chargé de quelque mission spéciale, que
ce tribun ou ancien tribun voyageait en Thébaide.

Domo Hemesa, Syria ; cfr. E. BIRLEY, *Epigraphische Studien*, 8 (1969)
pp. 73-74.

20. Valentinus

R. Cavenaile, 2.089. Οὐαλεντῖνος, tribun. milit. ? : *SB* 8430, 4 (Philae).

CIG III 4938 add. = SB V 8430 (Philae, Aegyptus) : Σεραπί⟨ω⟩ν Πνάστις ἡμαγ⟨ί⟩νιφερ χ(ιλιαρχίας) Οὐαλεντίνου ἀνέθηκ(εν) εὐχαριστίας χάριν ἐπ' ἀγαθῶι : Valentinus fortasse centurio erat ; χ., i.e. ἑκατονταρχίας, cfr. A. et E. Bernand, *Inscriptions Grecques de Philae*, II (1969) p. 140, not. 5.

21. Q. Valerius

R. Cavenaile, 2.112. Q. Valerius, tribun. milit., mort à l'âge de 37 ans, 17 ans de service : *CIL* III 6612, 1 (Alexandrie).

CIL III 6612 (titulus sepulcralis), Alexandrea, Aegyptus.

Q. Valerio /tribuno militum /vixit annis XXXVIII /milit(avit) ann(is) XVII :
titulus suspectae fidei ; Q. Valerius fortasse miles erat.

22. M. Valerius Germanus

R. Cavenaile, 2146. M. Valerius Germanus, ... du préfet : Bernand, *Memnon*, 75, 1 (Thèbes).

A. et E. Bernand, *Les inscriptions grecques et latines du Colosse de Memnon*, 75 : M. Valeri(u)s /Germanus /A̧RVFO prae /fecti audivi /Memnone(m) III ; cfr. adnot. A. et E. Bernand, 75, 4 : il peut difficilement s'agir d'un préfet d'Égypte, car son nom n'est pas mentionné et son titre est incomplet ; c'est peut-être un préfet de légion ou de cohorte. Le génitif suggère que le mot précédent désigne une fonction subordonnée à ce préfet.

CONSPECTUS OPERIS

PRAEFATIO 5

INTRODUCTIO 7

PROSOPOGRAPHIA 21

A : n. 1-18* 23
B : n. 19*-27 35
C : n. 28*-50 41
E : n. 51 57
F : n. 52*-54 57
H : n. 55-56 60
I : n. 57-75 61
L : n. 76-79 72
M : n. 80-85 75
N : n. 86-87* 78
O : n. 88 79
P : n. 89-99 80
R : n. 100* 87
S : n. 101-111 88
T : n. 112-115* 95
U : n. 116 97
V : n. 117-120* 99
Incerti : n. 121*-138* 100

INDICES :

Cognomina 109
Filii 110
Tribus 110
Auxilia : a. Alae 111
         b. Cohortes 111

Legiones 112
Gradus 113
Notabilia 114
Origo 114

APPENDIX : Summovendi : n. 1-22 117

Imprimerie J. Duculot - Gembloux *(Imprimé en Belgique)*